아이 두뇌의 숨은 힘을 깨우는

하버드
예술교육법

【 일러두기 】
- 이 책은 저자의 박사학위 논문 「영유아 통합예술교육 프로그램에 대한 소비자 인식 조사 및 해외 사례 벤치마킹—싱가포르 줄리아 가브리엘 에듀드라마와 뉴욕 필하모닉 베리 영 피플스 콘서트를 중심으로」를 수정 및 보완해 집필되었습니다.
- 본문의 각주는 저자가 작성한 것입니다.
- 외국의 인명과 지명을 비롯한 고유명사는 국립국어연구원의 외래어 표기법에 따라 한글로 옮겼습니다.
- 책·잡지·학술저널은 「 」, 신문·텔레비전 프로그램·논문의 이름 등은 「 」로 표기했습니다.

아이 두뇌의 숨은 힘을 깨우는

하버드 예술교육법

박선민 지음

별글
별처럼 빛나는 글

프롤로그

　우리 아이의 창의성을 쑥쑥 키워주려면 어떻게 해야 할까. 이제는 지식보다 상상력이 더 중요한 시대이다. 부모라면 아이의 창의성에 대해 한번쯤 고민해보았을 것이다.
　과연 어떻게 하면 신나게 놀면서 창의성을 키울 수 있을까? 바로 예술을 통해서 가능하다. 태어나면서 초등학교 입학 전까지는 신체적·인지적·사회적·감정적인 발달이 급진적으로 일어나며, 예술에 대한 경험이 중요해지는 시기이다. 특히 이때는 다양한 예술 영역을 통합해 영유아에게 놀이로서 접근하게 하는 것이 필요하다. 이처럼 하나의 주제를 여러 가지 방법, 즉 미술, 음악, 율동, 문학, 극놀이 등의 영역에서 동시에 접근하는 예술교육은 영유아의 뇌 발달은 물론이고, 전인격체로의 성장, 다양성과 융통성 발달 등에 긍정적인 영향을 미친다. 그리고 무엇보다 다중지능과 창의성 향상에 도움을 준다.

하버드대학교 심리학과 하워드 가드너(Howard Gardner) 교수는 다중지능의 여러 영역이 서로 영향을 주고받기 때문에, 영유아가 서로 다른 영역의 지능을 자유롭게 사용하는 것이 창의력 증진에 도움된다고 했다. 따라서 유아에게 다중지능을 사용할 기회를 가능한 많이 제공할 필요가 있다고 보았다. 이처럼 특정한 능력의 발달을 위해 유아가 다양한 경험을 하는 것이 중요하다는 연구는 국내에서도 여러 차례 진행되었다.

* * *

이 책에서는 먼저 이론적 분석으로 예술교육의 효과와 중요성에 대해 알아보았다. 그리고 예술교육의 실증적 분석을 위해서 수요자(부모)와 공급자(프로그램, 교사)에 대해 심층 면담, 설문 조사, 프로그램 현황 조사 등의 참여 관찰을 실시한 결과를 담아냈다. 마지막으로는 예술교육의 우수 사례로 교육 선진국인 싱가포르의 줄리아 가브리엘의 에듀드라마(EduDrama)와 뉴욕 필하모닉의 베리 영 피플스 콘서트(Very Young People's Concert)를 살펴보았다.

에듀드라마는 연극 중심의 예술교육 프로그램이자 아이들의 참여를 중요시하는 과정 중심(Process-Oriented)의 연극놀이이다. 음악, 미술, 율동, 동화 등의 영역을 접목해 아이들의 창의성 및 의사소통 능력을 키워준다. 국제 학생 프로그램 협회(The Program for International Student Association)의 평가에 의하면* 학생들이 학교에서 느끼는 행복지수가 싱가포르는 90점으로 60점인 우리나라보다 훨씬 상위에 놓여 있다. 줄리아 가브리엘의 에듀드라마는 이렇게 학생들의 행복지수가 높은 국가의 대표적인 교육 프로그램이다. 에듀드라마는 싱가포르의 부모들이 주로 이용하는 웹사이트(www.mummysg.org)에서도 높은 선호도를 보이며, 최근 아시아의 대표 텔레비전 방송인 채널 뉴스 아시아(Channel News Asia)에서 심층적으로 다뤄지는 등 해외에서도 이 프로그램을 자국에 적용하는 데 큰 관심을 보이고 있다.

또한 베리 영 피플스 콘서트는 음악 중심의 예술교육 프로그램으로서 동화와 미술적인 요소가 가미되어 있다. 뉴욕 필하모닉 지휘자이자 작곡가, 피아니스트로 활동했던 레너드 번스타인

● www.oecd.org/pisa

(Leonard Bernstein)의 청소년 음악회 이후로 교육용 콘서트의 오랜 전통을 이어온 단체이며, 베리 영 피플스 콘서트는 청소년 음악회의 확장된 공연이다. 이 콘서트는 3~6세를 대상으로 하며 일 년에 3회의 시리즈 공연을 한다.

* * *

우리 아이들이 살아갈 미래에는 창의력이 더욱 필요할 것이다. 이를 대비하기 위해 부모나 교육 전문가들이 사람의 창의력과 다중지능의 개발에 큰 도움을 주는 만 6세 이전 영유아기의 예술교육에 대한 이론부터 실제 교육현장의 모습까지를 살펴보는 것은 중요한 의미가 있다. 이 책의 내용을 바탕으로 영유아기 아이들에게 예술교육을 적용한다면, 아이들이 기초적인 정체성을 확립하고, 더 나아가 전인적이고 창의적인 인격체로 성장해 긍정적인 사고와 풍부한 인성을 지니는 데 큰 도움을 줄 수 있을 것이다.

마지막으로 이 책을 출판할 수 있도록 많은 도움을 주신 홍승찬 교수님, 김학균 교수님 그리고 별글 출판사에 감사의 말씀을 전한다.

목차

프롤로그 · 004

PART 1. 영유아 예술교육과 창의성

CHAPTER 1
예술교육을 위해 부모가 알아야 할 것들

01. 영유아기의 발달 단계별 특징 · 015
02. 예술 하는 아이의 뇌 발달은 다르다 · 031
03. 연극, 음악, 미술, 무용의 교육효과 · 038

CHAPTER 2
영유아기에 예술교육이 필요한 이유

04. 예술교육이란 무엇인가? · 045
05. 인성, 창의성, 사회성, 학습력을 키워주는 예술교육 · 048

CHAPTER 3 예술교육이 아이의 창의성을 높이는 원리

06. 예술적 창의성에 주목하라 · 055
07. 영유아기 때 키운 창의성은 평생 간다 · 060
08. 창의성을 발달시킨 예술교육의 연구 사례들 · 066

CHAPTER 4 다중지능이론을 알면 예술교육의 길이 보인다

09. 하버드대학교 가드너 교수의 다중지능이론 · 071
10. 다중지능이 발달하면 아이는 변화한다 · 077
11. 예술교육으로 다중지능을 업그레이드하라 · 079

PART 2. 영유아 예술교육의 현주소

CHAPTER 1 예술교육 프로그램으로 읽는 교육 현실

12. 국내의 영유아 예술교육 프로그램들 · 087
13. 예술교육 프로그램의 한계와 보완점 · 092

CHAPTER 2 설문과 면담으로 살펴본 영유아 예술교육

14. 부모와 교사가 말하는 예술교육 · 097

15. 문화예술 전문가들의 심층 인터뷰 · 116

PART 3. 영유아 예술교육의 해외 현장을 찾아서

CHAPTER 1 줄리아 가브리엘의 에듀드라마

16. 교육 선진국의 예술교육, 에듀드라마 · 147

17. 에듀드라마 특징과 교육효과 · 150

18. 에듀드라마의 운영 원칙과 기본 구성 · 157

19. 플레이네스트: 6~18개월 대상 · 164

20. 플레이클럽: 18~36개월 대상 · 168

21. 스테핑 스톤즈: 24~36개월 대상 · 172

22. 교육시장에서 에듀드라마는 어떻게 성공했나 · 174

CHAPTER 2 **뉴욕 필하모닉의 베리 영 피플스 콘서트**

23. 뉴욕 필하모닉의 국내외 교육 프로그램들 · 181

24. 베리 영 피플스 콘서트의 역사와 특징 · 186

25. 베리 영 피플스 콘서트의 세부 프로그램 · 192

26. 교육시장에서 베리 영 피플스 콘서트는 어떻게 성공했나 · 197

에필로그 · 202

참고문헌 · 206

더 깊이 알기

월령에 따른 아이의 신체적 특징 · 021

월령에 따른 아이의 인지적 · 사회적 · 감정적 특징 · 026

예술교육이 아이에게 미치는 좋은 영향 · 082

부모와 교사들이 말하는 우리의 예술교육 · 110

에듀드라마의 수업 현장 · 177

베리 영 피플스 콘서트의 현장 · 200

PART 1
영유아 예술교육과 창의성

CHAPTER 1

예술교육을 위해 부모가 알아야 할 것들

01
영유아기의
발달 단계별 특징

    영유아기 교육에 관심 있는 부모나 전문가라면 제대로 교육을 시작하기 전에 무엇보다 아이의 발달 단계별 특징을 알아야 할 것이다. 우리나라 영유아 보육법에서는● 영유아를 만 6세 이전의 취학 전 아동으로 규정하고 있다. 그리고 영유아기는 총 다섯 단계로 나뉜다. 각각 태어나서부터 12개월까지, 12~24개월, 24~36개월, 36~48개월, 48~60개월이며, 단계별 신체적인 특징과 인지적·사회적 감정적 특징은 다음과 같다.

●   영유아 보육법의 목적은 심신을 보호하고 건전하게 교육해 건강한 사회 구성원으로 육성함과 아울러 보호자의 경제적·사회적 활동이 원활하게 이루어지도록 함으로써 가정복지 증진에 이바지함을 목적으로 한다.

발달에 따른 영유아기의
신체적 특징

　　미국소아과협회(American Academy of Pediatrics)에서 밝힌 영유아의 신체적 발달 과정을 살펴보면, 태어나서부터 24개월까지 아이는 여러 변화를 겪으며 성장한다. 처음 12개월 동안은 두뇌가 급격하게 발달하는데, 이때 혼자서 앉거나 서고 손으로 작은 물체를 집을 수 있으며 2개의 물건을 부딪쳐 소리도 낼 수 있다. 12~24개월에는 조금 더 활동적이 되어, 기어 다니거나 걸을 수 있고 독립심이 점진적으로 생기기 시작한다.

　　한편 24~36개월에는 발달 속도가 24개월까지에 비하면 조금씩 느려지는 양상을 보인다. 지방의 비율이 줄어드는 대신 키가 자라며, 달리기를 할 수 있고 책장을 한 장씩 넘길 수 있는 등 신체활동 능력이 발달하고, 블록 6개를 쌓을 수 있는 등 소근육의 보다 세밀한 활동이 가능해진다. 36~48개월에는 이전 단계에 비해 신체활동의 표현이 더욱더 자유로워진다. 미술 활동을 하면 원이나 사각형을 비롯해 간단한 사람 형체를 그릴 수 있으며, 간단한 글자를 쓸 수 있는 인지 능력이 발달하기 시작한다. 48~60개월이 되면, 어른과 대화하는

데 문제가 없고 다른 친구들과 함께 놀 수 있다. 그럴듯한 이야기를 꾸며내어 여러 명의 친구들과 함께 놀 수도 있다. 함께 노는 것과 혼자 노는 것 모두가 가능해지며, 두 발로 점프하거나 공을 던지거나 양쪽 발을 번갈아 써서 계단을 오를 수 있다.

발달에 따른 영유아기의 인지적·사회적·감정적 특징

영유아의 인지적·사회적·감정적 발달 과정을 단계별로 살펴보면, 6~12개월에 많은 것에 호기심을 가지기 시작하며 어른들의 행동을 모방하기 시작한다. 또한 이 시기에 두뇌가 급격히 발달한다.

12~24개월에는 언어 능력이 향상되어 최소 50개의 단어를 말할 수 있다. 기차나 인형 같은 장난감을 가지고 놀 수 있고, 모방을 하되 좀 더 구체적으로 한다. 예를 들면, 머리를 그냥 빗는 것이 아니라 머리빗을 이용하기도 하고 본인의 머리뿐 아니라 다른 사람의 머리도 빗겨준다. 또한 요리하는 것을 흉내 내고 다른 사람에게 본인이 만든 음식을 권유하기도 한다.

24~36개월에는 스스로의 감정을 말할 수 있고 약 200개의 단어를 구사할 수 있다. 4~5개로 된 단어로 문장을 사용할 수도 있고 대명사와 복수의 이해가 가능하며, 조립식 장난감을 만들고, 퍼즐을 하기 시작한다. 현실과 상상세계를 혼돈하고 도깨비, 호랑이, 어둠을 무서워한다. 게임을 순서를 정해서 할 수 있고 어른이나 친구들을 따라하는 모방을 보이기도 한다. 다른 아이들이 노는 것을 관찰할 수도 있어서 다른 친구들 옆에서 놀기(Parallel Play)도 하지만, 함께 놀지 않을 수도 있다. 감정표현을 개방적으로 하며, 병원이나 시장을 배경으로 보다 구체적인 역할놀이를 할 수 있다.

36~48개월에는 300개 이상의 단어를 활용하고 어른들과 같은 방식으로 이야기를 시작한다. 세밀한 것까지 표현할 수 있는 언어 능력이 발달하는 시기이므로 아이가 '큰 차'라고 말할 경우에는 어른이 '크고 반짝이는 회색의 큰 차' 등으로 상세히 설명해 주는 것이 필요하다. 이야기를 하기 시작하고 역할놀이를 하거나 다른 아이들과 노는 것을 즐기며 그림을 그리기 시작한다.

48~60개월이 되면 어른과 대화하는 데 문제가 없다. 무엇을 좋아하고 알고 싶은지 이야기할 수 있다. 다른 친구들과 함께 노는 것(Associate Play)과 혼자 노는 것(Solo Play)이 모두 가능해진다. 그럴

듯한 이야기를 만들어 여러 명의 친구들과 함께 놀기도 한다. 이때는 아이들의 뇌가 급격히 발달하는 시기이므로 0~12개월에는 따뜻한 말로 이야기를 해주거나 노래를 해 주는 것이 많은 도움이 되고, 12~24개월에는 노래를 불러주거나 책을 읽어주고, 즐거움, 기쁨, 분노 등의 다양한 감정을 표현할 수 있도록 하는 것이 중요하다. 이와 더불어 아이에게 공작, 미술, 음악 등을 창의적인 놀이의 형태로 권장하는 것이 좋다.

모든 능력이 급격히 발달하는 이때, 예술교육의 적기이다

세계적 심리학자 장 피아제(Jean Piaget)는 출생 직후에서 만 2세까지의 시기를 '감각운동기'라고 칭했다. 그러면서 시각이나 청각 등의 감각과 운동 기술을 사용해 외부 환경과 상호작용하게 되는 시기로 보았다. 그리고 2세에서 6, 7세까지를 '전조작기'라 했는데, 이는 조작이 가능하지 않은 이전의 단계라는 뜻이다.

피아제는 전조작기의 아이는 자기중심적이며 한 번에 한 사물이나 사람의 오직 하나의 특성에만 집중한다고 했다. 이 시기에 아이는 언어를 사용하면서 자신이 내재적으로 가지고 있는 표상을 여러 형태의 상징으로 표현한다. 또한 상징적인 사고를 하는데 가장 대표적인 예로 소꿉놀이나 병원놀이와 같은 가상놀이를 들 수 있다. 타인의 생각, 감정, 지각, 관점 등이 자신과 동일하리라고 생각하는, 자기중심적인 사고를 하는 것도 특징이다.

    이처럼 영유아기에 아이는 통합적으로 신체적·인지적·언어적인 능력이 급격히 발달한다. 따라서 예술교육적인 접근 방법이 더욱 중요해진다.

 더 깊이 알기

월령에 따른 아이의 신체적 특징

【0~12개월】

대근육 발달

- 혼자서 앉거나 선다.
- 걸을 수 있다.
- 가구에 올라갔다 내려갔다 할 수 있다.

소근육 발달

- 손으로 작은 물체를 잡을 수 있다.
- 2개의 물건을 잡아 부딪치게 할 수 있다.

언어적 발달

- 물건의 이름을 부르면 손가락으로 가리킬 수 있다.
- "마마", "다다"와 같은 소리를 낼 수 있다.
- 간단한 지시사항을 따라 할 수 있다.

【12~24개월】

대근육 발달

- 기어 다닌다. 걷는다.
- 때리기, 물기, 차기 등의 행동을 시작한다.

소근육 발달

- 컵으로 마신다.
- 수저, 포크 등을 사용하기 시작한다.

언어적 발달

- 언어 능력이 향상된다.
- 15개월에 간단한 지시를 따라 할 수 있다.
- 최소 50개의 단어를 말할 수 있다.
- 2개의 단어를 붙여 한 문장을 말한다.
- 언어 능력이 더 향상된다. 부모가 이야기하는 것의 대부분을 이해한다.

【24~36개월】

대근육 발달

- 신체적 발달이 점진적으로 느려진다.

- 두상이 자라는 속도가 느려진다.
- 지방이 줄고 키가 크며 근육이 발달한다.
- 먹는 양이 줄어든다.
- 달리기를 점점 유연하게 하기 시작한다.
- 양발을 순차적으로 사용해 계단 오르내리기를 한다.
- 공을 찰 수 있다.

소근육 발달

- 한 장씩 책장을 넘길 수 있다.
- 블록 6개를 쌓을 수 있다.
- 병뚜껑을 열고 닫을 수 있다.
- 연필을 잡을 수 있다.

언어적 발달

- "싫어", "내 거야", "왜?"라는 말을 자주 한다.
- 자신의 감정을 말할 수 있다.
- 단지 따라 하는 것이 아닌 50~200개의 단어를 구사할 수 있다.
- 2~3개의 지시사항이 혼합된 문장을 이해한다.

【36~48개월】

대근육 발달

- 두상이 더 길어지기 시작한다.
- 신체활동의 표현이 매우 자유로워진다.
- 한 발로 설 수 있다.
- 공을 던질 수 있다.

소근육 발달

- 원이나 사각형을 그릴 수 있다.
- 간단한 사람 형체를 그릴 수 있다.
- 간단한 글자를 쓰기 시작한다.

언어적 발달

- 300개 이상의 단어를 활용한다.
- 어른들과 같은 방식으로 이야기하기 시작한다.
- 본인의 이름을 말할 수 있고, 무엇을 하고 싶은지 의사 표현을 할 수 있다.
- 5~6개 단어로 된 문장을 이야기한다.
- 이야기를 말하기 시작한다.

【48~60개월】

대근육 발달

- 다른 친구들과 함께 놀 수 있다.
- 함께 노는 것과 혼자 노는 것이 모두 가능하다.

소근육 발달

- 삼각형을 그리는 등 기하학적인 모양을 그릴 수 있다.
- 신체와 함께 사람을 그릴 수 있다.
- 숟가락, 젓가락 등을 잘 활용할 수 있다.

언어적 발달

- 어른과 대화하는 데 문제가 없다.
- 무엇을 좋아하고 알고 싶은지 이야기할 수 있다.
- 발음이 정확하다.
- 그럴듯한 이야기를 만들어내어 여러 명의 친구들과 함께 논다.

 더 깊이 알기

월령에 따른 아이의 인지적·사회적·감정적 특징

【0~12개월】

인지적 발달

- 두뇌가 급격히 발달하는 시기이다.
- 많은 것에 호기심을 가지기 시작한다.
- 같은 형체의 물건과 색깔 도형을 분류할 수 있다.
- 가상놀이를 하기 시작한다.

사회적 발달

- 어른의 행동을 모방하기 시작한다.
- 자신이 다른 사람과 분리되어 있음을 인식한다.
- 다른 친구들에 대해 인식하기 시작한다.

감정적 발달

- 분리 불안이 증가되다가 8개월 후부터 독립적인 성향이 생긴다.
- 주 양육자와의 애착 관계를 형성한다.

【12~24개월】

인지적 발달

- 기계적인 장난감을 가지고 놀 수 있다.
- 가상놀이를 할 수 있다.
- 2~3개의 조각으로 된 퍼즐을 맞출 수 있다.
- 2개라는 개념을 이해할 수 있다.

사회적 발달

- 좋아하는 장난감을 가지고 다른 사람에게 같이 놀자고 한다.
- 내 것과 남의 것을 구별하기 시작한다.
- 또래집단과 함께 노는 것이 큰 의미가 없다.
- 어른과 또래집단을 모방하는 능력이 발달하는 시기이다.

감정적 발달

- 감정의 기복이 심해 말을 잘 듣다가도, 갑자기 말을 안 듣는다.
- 좋아하는 사람에 대한 애착심을 보이기 시작한다.

【24~36개월】

인지적 발달

- 조립식 장난감을 만들고 작동할 수 있다.
- 숨은그림찾기를 할 수 있다.
- 퍼즐을 맞출 수 있다.
- 현실과 상상세계를 혼돈한다. 도깨비, 호랑이, 어둠을 무서워한다.
- 모양과 색깔을 구분한다.

사회적 발달

- 어른이나 친구를 따라 한다.
- 가족이나 친구에게 사랑을 보인다.
- 게임을 순서를 정해서 할 수 있다.
- 내 것, 네 것의 개념을 이해한다.
- 다른 아이들이 노는 것을 관찰하고, 다른 친구들 옆에서 논다. 그러나 함께 노는 것은 아니다.

감정적 발달

- 감정 표현을 개방적으로 한다.
- 다양한 감정을 표현한다.

【36~48개월】

인지적 발달

- 색깔의 이름을 말할 수 있다.
- 숫자를 셀 수 있다.
- 시간에 대한 개념을 가지기 시작한다.
- 이야기를 상기시킬 수 있다.
- 환상놀이를 좋아한다.

사회적 발달

- 새로운 경험에 흥미를 가진다.
- 다른 친구들과 상호작용을 하며 놀 수 있다.
- 엄마, 아빠 역할놀이를 한다.
- 환상에 빠지는 것을 좋아한다.
- 문제에 대한 해결책을 제시한다.

감정적 발달

- 도깨비와 같은 것을 상상하기도 한다.
- 자신을 신체, 마음 그리고 감정이 있는 완전한 자아로 인식하기 시작한다.
- 환상과 현실을 종종 구분하지 못한다.

【48~60개월】

인지적 발달

- 10 이상의 숫자를 셀 수 있다.
- 최소한 4개 이상의 색깔을 말할 수 있다.
- 시간의 개념을 더 많이 이해할 수 있다.

사회적 발달

- 친구를 기쁘게 할 수 있다.
- 친구처럼 되고 싶어한다.
- 규칙에 순응하기 시작한다.
- 노래, 춤, 연극 하기를 좋아한다.
- 독립적으로 행동을 할 수 있다.

감정적 발달

- 남성, 여성을 인지한다.
- 환상과 현실을 구분하기 시작한다.
- 때로는 무리한 요구를 하거나, 아주 협조적이기도 하다.

02
예술 하는 아이의 뇌 발달은 다르다

영유아기 교육, 그중에서 예술교육에 초점을 맞춰 알아본다. 교육과 예술교육, 저명한 교육학자들의 연구와 이론을 살펴보도록 한다.

예술교육의 정의와 역사

미국의 교육학자인 존 듀이(John Dewey)는 예술교육의 목적이 예술교육을 통해 삶의 질을 향상시키고 전인격체로서의 인간의 성장을 도와주기 위한 것이라고 정의했다. 다시 말하자면 화가나 음악가가 되기 위한 훈련이 아니라 예술을 경험하면서 교육의 목적인 인격의 자발적인 개발을 하는 것이다. 또한 그는 예술교육은 한두 번의 경험으로 갑자기 삶이 변화되는 것이 아니라, 경험의 순간순간이 모여 그다음의 예술 활동에 영향을 미치게 하는 삶의 전반에 걸쳐 폭넓게 작용하는 것이라고 보았다. 교육과정의 주체는 교사가 아닌 학생이며, 이때 교육과정을 학습자의 흥미와 관심에 기초해 운영하는 것이 필수적이라고 했다.

예술교육 방법에 대해 존 듀이는 행동에 의한 학습 원리, 즉 '생활한 바를 배운다'라는 학습 원리를 강조하며, 이런 학습은 문제해결 과정을 통해 가능하다고 했다. 그는 과학이 자연에서의 법과 질서로 논의되지만, 예술 경험은 과학에서 포착할 수 없는 심미적 정서를 내포하고 있기 때문에 유아에게 음악, 미술, 율동은 경험을 발달시키는 중요한 기회라고 했다. 또한 예술교육의 방향성은 악기를 가르치듯이 예술을 교육하는 것이 아니라, 예술을 통한 교육에 기초를 두어야 한다고 주장했다.

놀이에서 다양성 지각, 감각, 직관, 사유의 4가지 기본적인 기능이 상응하면서 함께 통합된다. 또한 드라마, 디자인, 무용, 음악 만들기라는 4가지 측면은 교육이 근본적으로 추구해야 하는 방향으로,

유아들의 놀이 속에서 서로 통합되어 조화롭게 발전할 때 하나의 통일적인 인격을 형성할 수 있다. 한편 영국의 미술비평가인 허버트 리드(Hervert Read)•는《예술을 통한 교육》에서, 예술교육의 목표는 예술가의 육성이 아니라 인격의 자발적인 계발이라고 했다. 그러면서 예술교육의 3가지 측면으로 자기표현, 관찰, 감상을 이야기했다.

국내의 경우에는 2007년 개정된 유치원교육과정이 발표되면서 비로소 예술 경험의 중요성, 생각의 느낌의 창의적 표현, 심미적 태도, 풍부한 감성을 기르는 것을 우선으로 하게 되었고 2011년 누리과정으로 오면서 통합적인 교육을 실시하기 시작했다.

영유아기에 예술교육을 해야 하는 이유

네덜란드 문화학자 요한 호이징가(Johan Huizinga)는 호모 루덴

● 에든버러대학교, 리버풀대학교, 하버드대학교에서 강의를 했으며, 예술교육이 이성과 감성이 조화된 전인격체인 인간을 만든다고 이야기했다.

스('놀이하는 인간'이라는 의미)를 언급하면서 놀이는 예술이고 예술은 곧 놀이라고 했다. 유아기에 아이는 모래놀이, 가상 역할놀이, 공놀이, 물놀이, 노래하기, 춤추기 등을 통해서 예술이라는 개념을 인지하지 못한 채 생활 속에서 예술을 경험한다. 예술과 관련된 다양한 영역을 배우는 것은 아이의 성장에 큰 영향을 미치기 때문에 필수적으로 경험하고 학습해야 한다.

그 밖에도 여러 학자들이 영유아기에 예술교육이 필요한 이유를 연구해왔으며, 주요한 견해들을 소개한다.

- 엡스타인(Epstein): 영유아기에 예술교육을 받으면, 평생 동안 예술을 즐길 수 있으며, 소근육 및 대근육 발달, 나아가서는 문학적인 영역까지 긍정적인 영향을 미칠 수 있다.
- 브레드캠프(Bredekamp): 음악과 미술을 통해 심미적인 경험을 한 영유아는 상상력, 공감각적인 능력, 자신감이 발달한다.
- 엘리엇 아이즈너(Eisner): 예술을 경험함으로써 창의성, 상상력의 발달, 계획력, 협동심을 배울 수 있다.
- 모스코비치(Moskowitz): 예술교육이 배제된 아동교육은 완벽한 교육이 될 수 없다.

- **라츠키와 베르게손(Lasky & Mukerji-Bergeson)**: 영유아기부터 예술은 기본적인 과목으로 인식되어야 한다.

    영유아기 예술교육의 효과에 대한 연구 또한 꾸준히 이어져 왔다. 아이즈너는 "예술을 통해서 어린이들은 세상을 바라본다"라고 이야기하면서, 유아의 발달에 있어서 예술을 통한 학습의 중요성을 강조했다. 그는 예술적 능력이 학습효과를 증진시키며, 특히 독해와 작문 및 수학적 능력을 향상시킨다고 했다. 예술 관련 수업을 받은 학생들은 창의성, 표현력, 상상력, 협동심이 높은 수준의 성장을 보인다는 연구결과도 있다.

    한편 젠킨스(Jenkins)는 영유아기에 예술을 배움으로써 얻는 장점에 대해 다음과 같이 언급하고 있다. 첫째, 창의적인 생각을 길러주고, 둘째 자신을 표현할 수 있는 능력을 향상시키며, 셋째, 감정표현을 자유롭게 할 수 있도록 해주며, 넷째, 자신감을 키워주고, 다섯째, 스스로를 이해할 수 있는 능력을 향상시키고, 여섯째, 미학적인 감각을 길러주며, 일곱째, 시각화할 수 있는 능력을 길러주고, 여덟째, 문제해결력과 결정력을 향상시키며, 아홉째, 다른 사람과의 협동심 등을 발전시킬 수 있다는 것 등이다.

할렌드(Harland)는 예술교육을 받은 학생들이 그렇지 않은 학생에 비해 학업성적이 향상된다는 결과를 제시했다. 그리고 무용은 신체자각 능력, 미술은 표현 능력, 연극과 음악은 공감 능력과 밀접한 관계가 있는 등 같은 예술이라도 분야에 따라 나타나는 효과가 다르다고 했다.

특히 음악교육이 수학 개념을 이해하는 데 도움을 준다는 결과를 도출한 연구도 있다. 또한 예술교육을 받은 학생들은 과학수업에서 더 객관적으로 상황을 판단하고 관찰하는 능력을 보여 주는 것이 입증됐다.

예술교육은 영유아의 뇌를 자극한다

오늘날의 발달된 기술 덕분에 영유아의 뇌 구조 및 발달 과정에 대해 더 깊은 연구가 가능하게 되었고, 예술을 통한 뇌 발달의 효과와 필요성을 보다 구체적으로 인식하게 됐다. 예를 들면, 수자(Sousa)는 청각 피질에는 오직 음악적인 소리에만 반응을 하는 부분이 있고, 대뇌는 언어를 통해서 발전한다는 사실을 밝혀냈다. 따라서 연극과 미술은 뇌의 발달 능력, 즉 인지, 사회, 언어, 감정 등을 향상시키는 데 중요한 역할을 한다.

영유아기에는 아이의 뇌가 급속도로 발전하기 때문에 다양한 예술적 방면에 노출될수록 뇌의 발달 정도가 높아진다. 개개인의 뇌는 스스로 발달되므로 도전적인 사고를 할수록 뇌의 성장과 발달에 도움이 되며 이런 과정은 평생 동안 지속된다. 특히 출생 직후부터 6세까지의 뇌는 성인의 뇌보다 2.5배 더 활동적인데, 이 시기의 학습 속도는 인생의 어느 때보다 빨라서 좋은 자극을 줄 수 있는 환경을 만드는 것이 매우 중요하다.

03
연극, 음악, 미술, 무용의 교육효과

예술교육 하면 무엇이 떠오르는가? 연극, 음악, 미술, 무용 등일 것이다. 모두 예술교육의 일부가 맞다. 다만 이런 영역들은 전체적으로 예술이라는 범주로 묶을 수 있지만, 그 교육적인 가치나 효과는 조금씩 다르다. 분야별로 보다 자세히 살펴보도록 한다.

연극의 교육효과

영유아들은 예술교육 중 연극놀이를 역할놀이라는 형식으로 접근한다. 누구나 드라마와 연극을 통해 각기 개인의 수준에 맞는 신체적·정신적·감성적·사회적 능력을 함양할 수 있다는 것이 연극놀이의 교육적 가치이다. 알려진 연극의 교육효과는 다음과 같다.●

- 상상력 발달의 기회를 제공한다.
- 독립적 사고 발달의 기회를 가질 수 있다.
- 집단을 위한 자신의 아이디어 개발 기회를 가질 수 있다.
- 협동 학습의 기회를 가질 수 있다.
- 도전적인 사고를 경험하게 한다.
- 공동체의 일원을 경험하게 한다.
- 공연자와 함께하는 참여와 기회를 갖는다.
- 타인과 타문화에 대한 학습의 기회를 갖는다.
- 강한 정서적 반응을 체험한다.
- 연극 감상의 기반을 확립한다.

영유아들이 다양한 효과가 있는 연극을 조기에 경험하면 보다 여유롭고 인간적인 태도를 습득하는 기반을 마련할 수 있다. 이를

● 정부 간행물 「학교문화예술교육 지도매뉴얼」 참고.

뒷받침하는 국내의 저명한 연극놀이 단체의 연구결과가 많이 있다.

유아기는 상상의 세계를 키우고 풍성하게 만드는 시기이다. 또한 크라흐와 네퍼트(Krahe&Knapper)는 연극 중심의 예술교육 프로그램에 참가한 학생이 그렇지 않은 학생보다 좋고 나쁨을 구별하는 능력, 비밀을 지키는 능력, 도움을 주는 능력, 하고 싶지 않은 일들을 거절하는 능력 등이 더 우수한 것으로 나타났다는 연구결과를 제시했다.

음악의 교육효과

음악교육 역시 연극교육의 가치와 마찬가지로 영유아의 삶에 있어서 중요한 요소이다. 일상 속에서 노래를 부르거나 음악에 맞추어 춤을 추는 것은 자연스럽게 시각, 청각에 영향을 준다. 캠펠(Campbell)은 음악이 영유아의 삶에 미치는 긍정적인 가치에 대해 몇 가지로 정리했다.

· 정서적 표현이다. 사회구성원들이 공유하고 인정하듯이 아

이는 정서를 표현하고 안정시키기 위한 수단으로 음악을 사용한다.
- 심미적 즐거움이다. 아이는 음악을 들으면서 리듬에 맞춰 몸을 흔들거나 악기를 연주하는 등으로 이를 표현한다.
- 음악교육은 즐거움을 제공하는 엔터테인먼트이다.
- 음악적 리듬이나 멜로디는 의사소통의 수단이 되기도 한다.

이렇듯 음악은 아이의 생활 속에서 핵심이 되기도 하고, 다른 경험을 증진시키는 역할을 하며 지능을 발달시키기도 한다. 해외 연구자인 비하르츠(Bilhartz)는 노래 수업, 악기 수업 등에 참가한 학생들이 그렇지 못한 학생들에 비해 인지 능력이 발달되었음을 입증하기도 했다.

미술의 교육효과

아이즈너는 미술교육의 목표에 대해 다음과 같이 이야기했다.

- 학문에 기초 교육이 된다.
- 시각문화에 대한 가치를 높일 수 있다.
- 창조적인 문제해결력을 키울 수 있다.
- 창조적인 자아표현을 위해서 필요하다.
- 직업세계를 준비하는 데 필요하다.
- 인지 발달, 즉 정보처리 능력뿐만 아니라 감각적인 지각, 기억, 사고 능력의 향상을 위해서 필요하다.
- 학업 능력을 높이기 위해서 필요하다.

그리고 로엔필드(Lowenfeld)는 창조적인 자아 활동을 통해 아이들은 억압된 스트레스를 해소할 수 있고, 자기표현에 있어서 자유와 유연성이 증기되어서 새로운 상황에 대처할 수 있는 능력이 생긴다고 했다. 또한 머렐(Merell)은 아이들이 미술교육을 받을 때 집단 따돌림을 당한 아이들에게 더 긍정적으로 접근한다는 사실을 발견했다.

무용의 교육효과

무용교육 역시 음악교육이나 미술교육처럼 영유아에게 다양한 긍정적인 영향을 미친다. 해외 연구자인 폰 로즈버그 갬폰(Von Rossberg-Gempton)이 공동으로 쓴 논문에 따르면 무용교육을 받은 아동들이 그렇지 못한 그룹에 비해 인지력이 뛰어나다는 결과가 있다.

CHAPTER 2

영유아기에 예술교육이 필요한 이유

04
예술교육이란 무엇인가?

우리 사회의 다양한 분야가 경계를 없애고 있듯, 예술교육 역시 여러 분야를 아우를 수 있도록 미술, 음악, 율동, 문학, 극놀이 등의 영역을 동시에 활용하는 시대가 되었다.

예술교육에 대해 '통합'이라는 단어를 사용하기 시작한 것은 20세기 초 존 듀이로부터 시작된다. 통합적으로 접근한다는 것은 미술, 음악, 율동, 문학, 극놀이 등의 영역을 동시에 활용하는 것을 말한다. 이때 예술교육은 형식적이고 상징적인 교육프로그램에서 벗어나 경험과 심미주의적인 관점을 갖춘다. 아동 중심의 진보주의적 교육 성향을 띤 예술교육은 1933~1955년의 음악학회 연감(Muisc National Conference Yearbook)에서 나타나기 시작한다. 통합이라는 단어는 1960~1970년대 경험 중심의 교육환경에서 다시 나타나는데, 이는 형식적이고 관념적인 교육을 예술적인 사고로 접근하는 데서 출발했다.

예술 중심의 예술교육은 헨리 브라우디(Harry Broudy)와 예술교육자이자 스탠포드대학교 교수였던 엘리엇 아이즈너의 이론에서 강조됐다. 브라우디는 교육의 목적은 개인의 지적이고 분석적인 능력을 함양하는 것으로 보았고, 이는 심미적인 학습 중에서도 특히 음악을 통해서 가능하다고 했다. 그리고 아이즈너는 청각적·시각적, 그리고 신체표현 능력은 우리의 주변 환경과 상호작용을 잘할 수 있도록 발달시킨다고 한다.

한편 가드너는 통합교육과정이 다양한 교과의 학문을 유아들에게 인위적인 분리 없이 인지적 연결을 형성하도록 해준다고 했다. 통합교육과정은 유아들이 습득한 기술과 지식으로 관심 있는 주제에 대해 실행하며, 모든 영역을 완전하게 활용할 수 있도록 해 주는 것이 중요하다. 이에 대해 그는 통합교육과정의 목적이 유아들에게 더 유의미한 교육과정을 구성해 주는 것이라고 했다.

현재 우리나라의 유아교육 기관에서 실시되는 예술교육영역을 살펴보면, 국가 수준 유치원 교육과정에서는 표현생활영역에서 통합적 예술 활동을 명시하고 있다. 하지만 교육현장에서는 대부분의 예술영역이 통합적으로 실시되기보다 미술, 음악, 율동, 극놀이 등으로 영역이 서로 분리되어 실시되는 경향이 두드러진다. 따라서 유아를 위한 예술 활동은 가능한 아동의 흥미와 발달 단계에 적합한 통합적 예술 활동의 형태로 실시될 필요가 있다.

05
인성, 창의성, 사회성, 학습력을 키워주는 예술교육

영유아기 예술교육은 아이에게 다양한 긍정적인 교육효과를 일으킨다. 그중 가장 대표적인 4가지 효과를 살펴보도록 한다.

긍정적인 인성을 갖춘 사람으로 성장시킨다

영유아기에 예술교육을 시행하는 이유는 영유아에게 더 쉽게 인지될 수 있기 때문이다. 예술교육은 학제적 방법으로서 다른 학문들의 성취 과정에 도구가 될 뿐만 아니라, 그것들을 학습장의 삶 한 가운데로 통합해내는 중심적 방법론이 될 수 있다.

한 국내 연구에 따르면● 단일 예술만 실시한 유아들보다 미술을 하면서 음악을 감상하고 신체표현을 하는 통합적 예술교육 프로그램을 실시한 유아들이 자기표현 및 자신감이 증진된 것을 관찰할 수 있었다. 그리고 리드(Read)는 예술교육을 바탕으로 유아들이 놀이를 할 경우, 지각, 감각, 직관, 사유의 4가지 기본적인 심적 기능이 서로 결합된다고 보았다. 그는 드라마, 디자인, 음악, 만들기 등은 원천적으로 함께 어우러져야 하며, 유아들이 놀면서 각 분야를 조화롭게 경험할 때 전인적인 인격체 형성에 도움이 된다고 했다.

이처럼 여러 분야에서 예술 활동이 통합적으로 이루어질 때 아이들은 긍정적인 정서를 지닌 인격체로 성장할 수 있다. 즉, 예술교육이란 전인적 발달과 효율적 학습을 위해 아이의 경험, 흥미 및 요구와 교육내용을 통합하고, 아이와 주변의 인적 및 물적 환경을 통합하며, 또한 교과목들을 통합적으로 재조직해 가르치는 방법으로 정의할 수 있다. 인간의 발달은 독립적으로 이루어지지 않기 때문에 어린 나이일수록 예술교육을 통해 긍정적인 인성을 만드는 것이 필

● 논문 「통합적 예술교육프로그램이 유아의 자아개념과 창의적 미술표현에 미치는 영향」 참고.

수적이다.

창의성과 표현력이 발달한다

예술교육의 가장 중요한 효과 중 하나는 창의성의 증진이다. 창의성은 창의적 사고력으로서 다차원적인 속성을 가지고 있다. 로즈(Rhodes)는 이를 단순화하고 체계화하기 위해서 창의성의 여러 측면들을 4가지 영역으로 나누어 제시했는데 이를 4P라고 한다. 4P에는 창의적 성격의 '사람(Person)'으로서 개인에게 있는 창의적 특성이자, 창의적 사고인 '과정(Process)', 질적 수준을 요구하는 창의적인 '산출(Product)', 그리고 창의력을 뒷받침하는 '환경(Press)'이 포함된다.

이를 바탕으로 창의성과 예술을 연관지어보면, 예술에서는 독특한 개성과 개인의 특성(Person)이 중요시되며, 스스로 참여해 구성하는 과정(Process)이자, 그 결과로 새롭고 창의적인 산출물(Product)을 구성해낸다는 점을 알 수 있다. 이처럼 예술의 대표적 특성인 창의성은 4가지 특성과 밀접하게 연결된다.

예술교육 프로그램은 유아의 인지적 자아, 사회적 자아 및 정서적 자아의 긍정적 자아에 영향을 준다. 또한 예술교육 프로그램을 통해 예술의 다양한 분야와 접목되면, 창의적 미술표현력은 물론 유아의 감성 및 자아 발달에 긍정적인 영향을 미친다.

특히 뇌 발달 측면에서, 3~6세경에는 판단과 사고 등의 종합적인 사고를 담당하는 전두엽이 발달해 인간성이 길러진다. 따라서 이때 암기 교육보다는 다양한 교육을 통해 아이의 창의성과 표현력이 발달되도록 한다. 그러므로 이 시기에 하나의 주제를 다양한 각도에서 접근하는 방법인 놀이를 통한 예술교육이 필요해진다.

사회성이 좋아지고
스트레스를 덜 받는다

예술교육의 또 다른 효과는 융통성의 학습이다. 예술교육은 다양한 영역에서 하나의 주제로 접근하므로 다양성과 더불어 융통성을 기를 수 있다.

한편 예술교육은 스트레스를 이기고 안정된 생활을 할 수 있는 능력을 갖는 데도 효과적이다. 영유아기부터 정서적으로 안정된 삶을 만들면 후에 초·중·고등학교 때 스트레스를 이겨낼 수 있는 능력이 축적된다.

특히 연극놀이의 경우, 인간 그 자체가 주재료이고 개개인의 적성에 따라 배우뿐 아니라 스태프 등 다양한 방면으로 참여해 소통해야만 하나의 연극을 완성할 수 있기에, 소속감과 상호 간의 애정을 높여서 협동심과 사회성을 높여준다. 따라서 학교 내의 집단 따돌림 및 폭력의 문제를 극복하는 좋은 수단이 될 수 있다. 이처럼 예술교육은 아이의 사회성 또한 증진시킬 수 있는데, 프리만(Freeman)과 카테랄(Catterall)은 연극 중심의 예술교육을 받은 아이들이 그렇지 못한 아이들에 비해 사회성이 증진됐다는 연구결과를 내놓았다.

학습효과가 높아져 다른 공부도 잘하게 된다

이 외에도 학습적인 측면에 대한 효과가 높게 나타났다. 켄델(Kendall)은 예술교육을 받은 학생들이 그렇지 못한 학생들에 비해 수학, 영어 그리고 과학적 능력이 뛰어났다고 했다. 카테랄은 극적인 요소, 글쓰기, 미술, 그림 그리기 등을 포함한 통합적인 연극수업을 받은 학생들이 수업을 받지 못한 학생들보다 자신감이 높게 나타난 연구결과를 발표했다.

CHAPTER 3

예술교육이 아이의 창의성을 높이는 원리

06
예술적 창의성에
주목하라

　시대의 변화에 따라 영유아기 아이들의 취미와 기호, 활동도 달라진다. 스마트폰이 보편화된 요즘, 영유아는 휴대전화를 통해 유튜브(Youtube)를 시청하거나 영어 공부를 하고 한글을 익히는 등의 활동을 많이 하고 있다. 따라서 과거에 비해 영유아들이 창조적으로 자유롭게 자아표현을 하고, 상상놀이를 할 시간이 보다 줄어들었다.

　창조력을 키우기 위해서는 규제 없이 상상력을 발휘해 자유롭게 활동을 해야 한다. 하지만 요즘 현실은 이런 연구의 논지와 반대의 양상을 보이고 있다.

창의성은 얼마든지
후천적으로도 키울 수 있는 것

선천적인 능력으로 믿어왔던 창의성은 오랜 연구로 인간에게 내재된 보편적인 능력으로 인식되기에 이르렀다. 최근 창의성은 '새롭고 유용한 가치를 산출하는 능력과 그 바탕이 되는 성격특성을 포함하는 것'으로 개념이 확장되고 있다. 따라서 창의성은 후천적인 교육을 통해 개발 가능한 능력으로 이해되고 창의성 교육에 대한 다양한 시도와 관심 또한 급증하고 있다. 뿐만 아니라 이에 따른 창의성 개발 기법의 활용이 다양하게 제안되고 있는데, 현재는 브레인스토밍, 스캠퍼, 강제결합법이 유아기 창의적 증진을 위해 교육기관에서 가장 많이 활용되는 것으로 보고되고 있다.

교육을 통한 창의성 개발에 대한 연구는 활발하게 이루어지고 있다. 이는 다양한 연구의 성과로 창의성이 외부 자극을 통해서 습득될 수 있다는 이론이 받아들여지고 있기 때문이다.

예술적 창의성과 과학적 창의성, 융합하면 창의성이 더 커진다

창의성은 문제발견의 과정이자 문제해결의 과정으로서, 예술적인 창의성과 더불어 과학적인 창의성에서 공통적으로 나타나는 현상이다. 예술 및 영화이론가였던 아른하임(Arnheim)은 과학자가 어떠한 현상을 만들기 위해 개념 모델을 만들고, 미술가가 그림을 그리는 것이 창의성을 발휘하는 방법이라고 했다.

세계적 교육학자인 길포드(Guilford), 토렌스(Torrence) 등이 제시한 기준에 따르면, 창의성은 논리에 바탕을 둔 과학적 창의성과 비논리에 바탕을 둔 예술적 창의성으로 나누어진다. 과학적 창의성은 기호적 사고, 분석적 사고, 추론적 사고, 종합적 사고, 대안적 사고로 구성되고, 예술적 창의성은 유창성, 융통성, 독창성, 정교성을 포함한 확산적 사고력을 키우는 것이다. 즉, 창의성의 효과를 극대화하기 위해서는 2가지 사고의 융합이 필요하다.

예술적 창의성이란 말 그대로 예술 관련 영역에서 나타나는 창의적 산물을 의미하며, 예술 활동을 하면서 나타나는 사고의 동기, 성격, 그리고 지능까지도 포함된다. 예술적인 창의성은 발산적인 사고이자 비논리적인 상상적 사고로서 가능한 많은 대안을 찾으려 하며 그 대안이 꼭 합리적일 필요는 없고 우연성이나 비약을 허용할 뿐만 아니라 무의식적, 비약적, 무질서를 강조한다. 페스트(Feist)는 창의성이 많은 예술가가 창의성이 낮은 예술가보다 개방적이고 자신감이 있으며, 자기 자신을 더 수용할 줄 알고 동기부여도가 더 높다고 했다.

　　예술적 창의성과 과학적 창의성의 상호관계를 살펴보면, 과학은 예술에 방법적인 아이디어를 제공할 수 있고, 예술은 과학에 창의적인 아이디어를 제공할 수 있다. 뱀포드(Bamford)는 과학 및 기술혁명이 만들어낸 지식은 혁신의 잠재력이 되는 반면 '상상력과 감성'을 기반으로 하는 예술은 경제발전의 원동력이 된다고 말한 바 있다. 또한 국내 연구자인 태진미와 장기범은 문화예술교육에 대한 고찰 및 변화하는 시대적 추세에 발맞추어 창조력과 능동적인 지식구성력을 지닌 인재 양성, 그리고 타인과의 원활한 소통을 통해 창의적으로 문제를 해결하는 인재를 육성하기 위한 움직임이 전 세계적으로 일어나고 있다고 보았다.

　　유니버시티칼리지런던의 과학철학 교수인 아서 밀러(Arthur I. Miller)는 저서 『천재성의 비밀(Insights of Genius)』에서 예술적 창의성과 과학적 창의성의 상호관계에 관해 언급을 하고 있는데, 과학자는 시각적인 이미지를 통해 아이디어를 표현하고자 하는 경향이 있으며, 이는 아인슈타인의 상대성 이론 등에서 찾아볼 수 있다고 했다. 그리고 시각예술은 시각적 개념을 선택하고 문제를 해결해나가는 과정이라고 했다.

루트번스타인(Root-Bernstein) 부부가 쓴 『천재의 탄생(Sparks of Genius)』에 따르면 과학자나 예술가의 결과물은 다르지만, 이를 생산해내는 과정에서는 많은 공통점이 있다. 저자들은 음악, 미술, 과학, 수학 등의 다양한 분야의 창조적인 사람들에게서 발견되는 13가지 생각의 도구들이 예술가들이 평소에 흔히 사용하는 사고의 전략이라고 했다. 우리가 일반적으로 인식하고 있는 창의성에는 과학적이고 예술적인 것이 모두 포함되고 창의성의 성과를 극대화하기 위해서는 두 부문의 융합을 필요로 한다.

07
영유아기 때 키운 창의성은 평생 간다

영유아기부터 아이가 가지고 있는 창의적 잠재력을 발견하고 향상시킬 때, 창의성의 발달 및 향상의 정도는 높아진다. 수많은 학자들이 이에 대해 다음과 같은 연구결과를 내놓았다.

- **콜버그(Kohlberg)**: 8세 이전은 인습 이전의 단계이다. 이 시기에는 자기중심적인 성향이 강하고 자신이 옳다는 생각을 가진다. 또한 이 시기에는 사회적으로 무엇이 적절한지, 사회적인 기대감이 무엇인지 인지하지 못하며, 이런 사고는 창의적인 생각을 하게 해준다. 반면 8~10세인 인습 단계로 접어들면 학교 규제의 영향 등으로 인해 창의성이 저하되며, 12세 이

후인 후인습 단계가 되면 다시 창의성이 향상된다.

- **토렌스(Torrence):** 유아기부터 창의성이 증가되다가 4학년부터 창의성이 감소되는데, 이를 '4학년 슬럼프'라고 한다.
- **코로플레이(Croplay):** 아이는 스스로의 재미를 위해 창의적인 활동을 하는 반면에 성인은 사회를 위해 창의적인 활동을 한다.
- **피아제(Piaget):** 2~7세에 해당하는 전조작기 아이의 사고는 어른의 사고 패턴과 가장 다르며 자기중심적인 성향을 보인다. 또한 논리적이기보다는 상상력이 풍부하고, 각각의 상징들이 얽혀 있다.
- **두덱과 베라울트(Dudek & Verreault):** 프로이드가 구분한 '제1차 사고 과정'은 상상력이 풍부하고 충동적인 사고를 하는 시기로서 아이의 창의력을 확인할 수 있다. 토렌스 테스트(Torrence Test of Creative Thinking)에서 고득점을 받은 아이는 제1차 사고 과정 능력이 더 많은 것으로 나타났다.
- **칙센트미하이(Csikzentmihalyi):** 호기심, 자기몰입, 자유로운 상상력, 타인의 평가에 대해 제약을 받지 않는 것 등 창의성에 필요한 잠재적인 요소들을 발견하는 시기이며 이를 지속적으로 발전시키는 것이 중요하다. 또한 유아기의 예술경험은 후

에 예술작품을 만드는 데 도움이 된다.

- **가드너(Gardner):** 유년기는 호기심, 궁금증, 탐색 능력이 발달해 창조성의 기본 바탕이 만들어진다.●

앞의 학자들 외에도 아마빌레(Amabile), 룬코(Runco) 등 다수의 학자들은 유아기가 창의적 발달을 위해서 가장 중요한 시기라고 했다.

예술은 창의성을 높이는 촉매제가 된다

룬코가 교사들과 부모들을 조사한 결과에 따르면, 창의적인 아이들의 특성은 예술적이고 호기심과 상상력이 풍부하며 발명을 좋아하고 많은 분야에 관심을 가지고 있다고 한다. 라우와 리(Lau & Li)는 홍콩의 아이들을 대상으로 또래 간의 창의성 실험을 한 결과, 창의적인 아이는 사회성이 더 높은 경향이 있고, 사회성을 더 쉽게 발

● 저서 『열정과 기질(Creating Minds)』 참고.

달시킬 수 있다는 결과를 얻었다.

비고츠키에 의하면 아이들의 놀이는 예술적 상상력의 기본적인 요소가 되며 상상력은 창의력을 촉진시키는 역할을 한다. 상상력은 눈에 보이지는 않지만 창의력을 만드는 데 많은 역할을 한다. 상상력은 예술에서 특히 유용하게 사용되며, 이 상상력은 문제해결력을 키워주는 역할을 한다. 페레즈 파벨로와 캄포스(Perez-Fabello & Campos) 역시 예술적인 기술을 훈련하는 것은 상상력을 기르는데 많은 역할을 한다고 했다. 또한 리앙(Liang)은 상상력이 풍부하면 창의력을 시각화해 생각하는 데 많은 도움이 된다고 보았다.

비고츠키는 유아기의 창의성 발달이 중요한 이유를 유아기의 경험이 성인이 되어서도 영향을 주는 데에서 찾았다. 그들은 유아기에는 다양한 경험이 정서적으로 중요한 역할을 하며, 유아기 때 경험한 1차 과정의 사고가 성인기에도 잠재적으로 남아있어 정서 상태에 많은 영향을 준다고 보았다.

성인기의 창의성과 유아기의 창의성은 차이점이 있다. 성인기의 창의성은 교육을 받은 범주 안에서의 구체적인 창의성이라면 유아기의 창의성은 자기중심적이고, 자유로우며 상상력이 풍부하다는 점이 다르다.

예술적 창의성은
일찌감치 키우자

　예술적 창의성을 유아기에 발달시키는 것이 필요한 이유에 대해서 여러 연구가 있다. 유아기에는 상상력이나 창의성이 집중적으로 발달하는 데 비해 논리적 사고가 아직 미숙하므로, 논리분석력을 강조하는 수학이나 과학과 관련된 교육보다는 창의성이나 예술성, 상상력을 위주로 하는 교육이 적합하다.●

　유아기 때 상상력의 발달이 집중된다는 근거는 뇌과학 연구에서도 뒷받침되고 있다. 만 4세가 되면 시각피질에 있는 신경들의 접촉점 밀도가 높아지고 집중적으로 발달한다. 상상력은 시각적 영상을 필요로 하며, 전두엽은 도덕성, 종교성, 종합사고 등 최고의 기능을 담당하는 부위이다. 이에 대해 미에스키(Meyesky)는 유아기가 창의성이 인간의 생애 가운데 가장 크게 발달하는 시기여서, 창의성을 향상시킬 수 있는 프로그램을 유아교육에 넣어야 한다고 언

● 『3~5세 누리과정 해설서』(2013)는 전 연령 및 전 영역에 걸쳐 기본 생활 습관과 창의, 인성 영역을 강조한다. 창의성은 자연탐구 영역에서만이 아니라 창의적 표현을 기본으로 하는 예술경험 영역 등 모든 영역으로 확대될 수 있다.

급했다.

또한 토렌스는 창의성의 결정적 시기는 유아기라고 했으며 예술적 창의력이 이때 잘 발달해야 아동 및 청소년 시기에 발달하는 논리적·분석적 능력이 필요한 과학적 창의력과 함께 최상의 창의성을 이룰 수 있다고 본다. 예를 들면, 독자에게 극적인 감동을 주기 위해 상상력으로 치밀한 줄거리를 만드는 소설가나 아름다운 공식을 창조하는 수학자처럼, 사람에게 상상력과 논리력은 동시에 필요하다는 것이다.

지금까지 살펴보았듯 유아기에 예술적 창의성을 증진시키면, 아동기부터 나타나는 과학적 창의성과 융합되어 더 많은 시너지를 만들 수 있다. 비고츠키는 비논리적이고 억제되지 않은 상징적 사고로 대표되는 유아의 사고가 예술적 창의성 발현에 중요한 의미를 갖는다고 했다. 가드너도 5~7세의 유아들은 그 이전 연령의 아이들에게는 없고 그 이후의 아이들은 잃어버리는 풍부한 상상력과 창의력, 예술적 민감성이 있다고 하면서 이 시기의 예술적 성향의 발달에 중요하다고 주장했다.

08
창의성을 발달시킨 예술교육의 연구 사례들

　　최인수 성균관대학교 교수는 유아기에는 발달 특성상 상상력, 창의력, 인간성이 발달한다고 했다. 특히 창의성 중에서도 예술적 창의성이 발달하는 시기로 보는데, 비고츠키와 가드너의 예를 들고 있다.

　　비고츠키는 상상놀이와 혼잣말에 대해 주목하면서 아이들이 그림을 그리거나 혼잣말을 하면서 롤 플레이를 하는 것은 예술적 창의성의 기초가 된다고 했다. 그리고 가드너는 5~7세 아이들은 그 시기에만 가질 수 있는 풍부한 상상력과, 창의력, 예술적 민감성이 있어서 이 시기에 예술적 성향 발달에 큰 영향을 줄 수 있다고 했다. 또한 이때 유아는 예술적 개념 등을 이해함과 동시에 현실을 직시하면서 상상하는 것을 즐긴다고 했다. 다시 말해서, 상상놀이를 하면서 스스로가 그에 대한 적절한 비평을 할 수 있기에, 유아들은 예술적 기질이 발달된다는 것이다.

또한 어반(Urban)은 환경이 창의성에 영향을 준다고 보았다. 따라서 예술적인 교육환경을 제공한다면 예술적인 창의성을 증진시키는 데 효과적일 것이라는 의견을 제시했다.

예술교육과 창의성에 주목한 다양한 연구들

예술교육 프로그램과 창의성의 관계에 주목한 연구자들의 연구를 살펴보자. 해외에서는 우선 카테랄과 페플러(Catterall & Peppler)가 그림 그리기, 색칠하기 그리고 조각하기 등의 통합적인 미술교육을 받은 학생이 그렇지 못한 학생보다 자신감을 가지고 있는 것으로 나타났을 뿐만 아니라 창의성 발달 속도도 더 빠르다고 보았다. 그리고 후이와 라우(Hui & Lau)는 공놀이, 스토리텔링이 포함된 연극 중심의 예술교육 프로그램에 참여한 학생들이 그렇지 않은 학생들에 비해 창의력이 더욱 증진된 사실을 밝혀냈다.

한 국내 연구에서 서울시 소재 유치원의 만 6세 아동 44명을 두 집단으로 나누어, 한 집단에는 예술교육을 실시하고 다른 집단에는 예술교육을 실시하지 않은 후 비교했다. 그 결과, 실험집단은 창의성과 사회성 모두 유의미한 점수를 보였다. 유아기에 통합적 창의성 프로그램을 경험한 학생들이 유아기에 이런 교육을 받지 않은 학생들에 비해 국어, 수학 등의 성적이 더 높은 것으로 나타난 연구도 있다.•

이처럼 예술교육을 통해 아이들은 확산적 사고, 창의적 문제 해결력, 의사소통 능력 등을 모두 발전시킬 기회를 가진다. 나아가 미래에 필요한 창의적이며 소통하고 공감성을 지닌 인격체가 될 수 있다.

• 논문 「통합적 유아 창의성 프로그램이 아동의 창의적 사고 및 초등학교 적응·학업 성취에 미치는 효과에 관한 연구」 참고.

CHAPTER 4

다중지능이론을 알면 예술교육의 길이 보인다

09
하버드대학교 가드너 교수의 다중지능이론

영유아기의 예술교육을 잘 뒷받침하는 이론은 하워드 가드너의 다중지능이론이다. 그는 하버드대학교의 심리학과 교수로, 1983년 저서 『마음의 틀(Frames of Mind)』에서 다중지능이론(Multiple Intelligence)을 발표했다. 그는 인간이 다양한 7가지 지능●을 통해서 정보를 저장하고 발달시키며, 이 지능들은 각각 독립적이기도 하고 상호작용을 하기도 한다고 했다. 가드너는 특히 인간의 잠재력에 대해 이야기하고 있는데, 다양한 지능들 가운데 특정 지능들이 상호작용하며 이는

● 가드너는 1997년에 자연친화지능을 추가해 8가지 지능이 있다고 했다. 이후 실존적지능까지 이야기했는데 아직 논의하에 있다.

개개인의 성격, 관심사, 강점 등을 형성한다고 보았다.

가드너가 말하는 지능은 언어지능, 논리수학지능, 음악지능, 공간지능, 신체활동지능, 인간친화지능, 자기성찰지능 등으로 보다 구체적인 내용은 다음과 같다.

- **언어지능(Linguistic Intelligence)**

언어의 소리나 사용에 관한 능력으로 이 지능이 발달되어 있으면, 소리에 민감하고, 단어의 음률을 빠르게 파악할 수 있으며, 언어를 통한 해석이나 설명을 잘할 수 있고, 의사소통 및 해석도 가능하다. 이 지능은 독립적이면서 다른 지능과 연계성도 높다. 이 능력이 발달한 사람은 소설가, 정치가, 변호사, 마케터, 교사, 방송인 등의 직업에 소질이 있으며, 대표적인 인물로는 T. S. 엘리엇, 셰익스피어 등의 작가와 영국 수상이었던 윈스턴 처칠을 들 수 있다.

가드너는 뛰어난 의사소통 능력을 지닌 인간은 언어, 그림, 몸짓, 숫자, 음악 기호 등 상징을 통해서 의미를 전달한다고 보았다. 실제로 신생아는 상징을 사용하지 못하며, 2세 전후부터 상징을 사용하는데 이때가 인지 발달의 중요한 분기점이 된다는 인식이 널리 받아들여지고 있다. 일반적으로 아이는 5~6세가 되면 음악, 그림,

간단한 과학적 설명을 할 수 있다.

· **논리수학지능(Logical-Mathematical Intelligence)**

현상의 원인과 결과를 분석하고 수나 규칙의 논리를 이해하는 지능을 말한다. 이 지능을 통해 사람은 비판적으로 생각하거나 논리적으로 문제를 해결할 수 있다. 수학과 사회 현상 등 여러 대상에 대해 관심을 가지고 탐구하면서, 논리적으로 추론해 규칙이나 법칙을 발견하고 체계를 마련하는 이 능력은 주로 10대 후반에 나타난다. 회계사, 은행가, 과학자, 연구자, 엔지니어, 통계학자, 컴퓨터 프로그래머 등이 주로 가지고 있는 소질로, 이것이 남달리 발달했던 위인으로 물리학자 아인슈타인, 갈릴레이 등이 있다.

· **음악지능(Musical Intelligence)**

음악, 소리, 리듬에 대한 인지 능력으로, 우뇌에서 발달되며 공간 · 논리 · 수학지능과 관계가 있다. 노래를 부르거나 악기를 다루거나 새로운 곡을 창작하거나 감상하는 데 필요한 능력이 이에 해당한다. 음향 전문가, 작곡가, DJ, 연예인, 프로듀서, 악기 연주자, 가수, 유해 소음 분석가 등이 주로 가지고 있는 소질로, 음악가 모차르트, 베토벤, 메뉴힌 등이 이 소질이 탁월했던 대표적인 인물들이다.

· 공간지능(Spatial-visual Intelligence)

이미지와 사진 등을 시각화해 정확하게 묘사하거나 창조할 수 있으며, 공간과 그에 대한 효과, 이미지와 그 의미와의 관계를 잘 이해하는 능력을 말한다. 사진 촬영을 잘하고, 로고를 만들며, 도시를 디자인하고, 물건을 보기 좋게 진열하고, 빌딩을 디자인할 수 있는 능력으로 발현된다. 건축가, 화가, 사진가, 도시개발자, 사진가, 조각가 등이 이 소질을 주로 많이 갖고 있으며, 미술가 피카소, 레오나르도 다빈치 등이 이런 소질이 뛰어났던 대표적인 인물들이다.

· 신체운동지능(Bodily-Kinesthetic Intelligence)

신체적 활동과 관련된 지능으로, 이 지능이 발달할 경우 몸으로 표현하거나 움직이는 것을 즐기며, 눈과 신체를 조화시켜 손으로 만드는 것을 잘하며, 활동적이고 균형도 잘 맞출 수 있다. 춤, 운동, 연기 등의 상징체계를 쉽게 익히고 창조해낸다. 무용가, 기술자, 운동선수, 배우, 생물학자, 간호사, 지리학자에게서 주로 발견되는 소질로, 무용가 마서 그레이엄, 골프선수 타이거 우즈 등이 이 소질이 훌륭했던 대표적 인물이다.

- **인간친화지능(Interpersonal Intelligence)**

다른 사람의 기분이나 동기, 원하는 바를 잘 이해하는 공감능력이 발달해 그에 적절하게 반응할 수 있는 능력이다. 이 지능이 뛰어나면 상황을 잘 파악하고, 인간관계를 훌륭하게 이끌어가므로 문제해결력을 활용해 리더로서의 자질을 갖출 수 있다. 홍보 전문가, 간병인, 카운슬러, 교사, 인사담당자, 정치가, 치료사, 사업가, 세일즈맨 등의 직업인에게 필요한 능력이며, 정치가 간디, 링컨, 김구, 사회사업가 헬렌 켈러 등이 이 소질이 탁월했던 예이다.

- **자기성찰지능(Intrapersonal Intelligence)**

자신의 강점과 약점을 제대로 파악하고 감정 조절을 잘해서 신념 및 목표를 계획하에 성취해가는 능력이다. 작가, 종교인, 예술가, 심리학자가 주로 소유하고 있는 능력으로 문학가 버지니아 울프와 심리학자 지그문트 프로이트 등이 이 능력이 발달했던 대표적인 인물이다.

- **자연친화지능(Naturalist Intelligence)**

식물이나 동물, 생태 연구 및 과학 현상 등을 포함한 자연에 대해 관심을 가지고, 그 인식과 분류에 전문 지식과 기술을 발휘하는 능력을 말한다. 식물학자, 동물학자, 과학자, 조경사, 탐험가 등이 갖고 있는 지능이 이에 해당한다. 이 지능을 뛰어났던 인물로는 곤충학자 파브르, 탐험가 아문센 등이 있다.

10
다중지능이 발달하면
아이는 변화한다

영유아기와 다중지능은 다양한 상관관계가 있다. 다중지능의 영역 중, 논리수학지능, 인간친화지능, 언어지능, 음악지능, 신체운동지능, 공간지능이 발달하면 유아의 리더십이 향상될 수 있다는 연구가 있다. 이와 관련해 가드너는 인간친화지능을 강조했다. 유아기는 정서적으로 사회 안에서 구성원으로서의 역할을 하는 데 지식, 기능, 태도를 맺는 결정적인 시기이다.

유아의 다중지능이 자아존중감에도 긍정적인 영향을 미친다고 한 국내 연구가 있다. 이에 따르면 특히 인간친화기능을 유아기에 발달시킬 때 자아존중감이 높아져 자신을 더 가치 있게 수용하는 것으로 나타났다. 인간친화지능과 더불어 유아기 및 아동기에는 인지적인 능력보다 신체를 움직이는 능력인 신체운동지능이 높으면 자아존중감 형성에 도움이 된다고 한다. 자연친화지능 역시 유아의 정서를 향상시킨다.

또한 다중지능이론은 유아기에 잠재된 지능이 발달할 수 있도록 환경의 중요성을 강조한다. 즉, 다양하고 풍부한 환경을 제공해주었을 때 다중지능이 발달한다는 것이다. 관련한 연구를 살펴보면, 언어지능, 공간지능, 신체운동지능, 대인지능에 부모의 자율적인 양육태도가, 음악지능, 논리수학지능, 자연지능에는 부모의 애정적 양육태도가 많은 영향을 미쳤다.

11
예술교육으로 다중지능을 업그레이드하라

다중지능이론과 예술교육과의 관계에 대한 연구를 살펴보자. 가드너는 각각의 지능이 서로 영향을 주고 있으므로, 통합적인 교육 방법으로 접근하는 것이 유아들의 잠재력을 향상시키는 데 지대한 영향을 미친다고 설명한다.

예를 들어, 음악적 지능은 어린 시기에 만들어지며 특히 음악과 율동, 음악과 공간 능력, 음악과 감정, 음악과 언어, 음악과 수학이 관련 있다고 했다. 가드너는 음악과 공간지능을 이야기할 때 우반구에 있는 음악적 능력과 공간적 능력의 연관성에 주목했다. 그리고 음악과 수학이 밀접한 관계를 가지고 있다고 했는데, 특히 확률과 패턴에서 상관관계가 있다고 보았다.

또한 가드너는 시각예술은 공간지능의 영향을 받는데, 그 이유는 시각예술을 할 때 관찰 능력이 필요하기 때문이라고 했다. 마지막으로 가드너는 신체운동지능이 물건을 들거나, 자신의 몸을 조절하는 능력과 관계가 있다고 했다. 그러므로 무용과 극놀이는 신체운동지능을 강화시킨다고 했다. 만 2세가 되면 유아들은 관찰을 시작하기 때문에 관찰이 필요한 무용과 극놀이가 유아에게 적합하다고 했다. 더불어 유아기 때 8가지 지능을 골고루 자극해주면, 어느 한쪽에 치우치지 않고 상대적으로 약한 지능들도 강하게 만들 수 있다고 했다. 그래서 통합교과과정의 복합지능을 사용함으로써 학습자의 사고력의 확장과 창의력을 배양할 수 있다고 보았다.

가드너의 아트 프로펠(Art Propel)에 기초한 통합적 유아 예술 프로그램은 유아의 감성지능과 창의성 향상에 긍정적인 영향을 미쳤으며, 유아의 감성지능과 창의성 증진을 위한 교육으로 교육현장에 적용가능 하다고 평가받는다. 다중지능이론과 창의성과의 관계에서 가드너는 창의성이란 저장된 정보에서 만들어낼 수 있는 능력이라고 했다. 따라서 유아가 진정한 창의성을 가진 성인으로 성장하기 위해서는 자유롭게 여러 영역에서 사고하고 자신의 다중지능을 사용할 수 있는 기회를 가능한 많이 제공받는 것이 중요하다.

가드너는 칙센트미하이의 체계적 접근을 바탕으로 간디, 프로이드, 아인슈타인, 그라함, 피카소, 스트라빈스키, 엘리엇과 같은 창의적인 인물을 연구한 결과, 피카소는 학문적인 영역에서는 약했으나 공간과 신체 개인적인 영역에서 강점을 보이고, 스트라빈스키는 음악과 다른 영역에서 강점을 보인다고 분석했다. 이 연구를 통해 가드너는 지능의 개념에 창의성을 포함시키고 있는데, 창의성이란 문제를 풀어나가는 능력과 함께 새로운 창조물을 만드는 능력이라고 했다. 한 영역에서 새로운 의문을 만들어내는 능력으로서 지능과 다른 개념이 아닌, 지능과 결합해 창의성이 발휘된다는 것이다. 또한 학습활동에서의 다양한 감각체험은 유아의 논리적 사고, 흥미 및 동기의 유발, 지능 향상에 긍정적인 역할을 한다고 평가했다.

이 외에도 매주 1회씩 3년 동안 피아노 레슨을 받은 아이가 그렇지 않은 아이보다 언어지능이나 수학적 지능이 더 높다거나, 연극수업에 3년간 참가한 학생이 그렇지 않은 학생보다 수학적인 능력이나 언어지능이 더 뛰어났던 연구 사례들이 다중지능이론과 예술교육의 밀접한 관계를 뒷받침하고 있다.

 더 깊이 알기

예술교육이 아이에게 미치는 좋은 영향

【인성 개발 영역】

- 전인격체로 성장시킨다.
- 인지적·사회적·정서적 자아를 키워준다.
- 공감 능력을 발달시킨다.
- 사회성과 협동심을 증진시킨다.
- 자기표현력과 자신감을 향상시킨다.

【교육 개발 영역】

- 예술통합을 중심론적 방법으로 사용할 경우에 학습 능력을 키워준다.
- 협동학습 능력 또한 증진시킨다.
- 시각적·청각적·신체적 능력을 향상시킨다.
- 감각적인 기억, 지각사고 능력을 증진시킨다.

【창의성 개발 영역】

· 융통성, 다양성, 문제해결력을 증진시킨다.

· 상상력, 독창성, 유창성을 발달시킨다.

· 예술적 창의성 발달을 바탕으로 과학적 창의성 발달시킨다.

【다중지능 개발 영역】

· 언어지능, 논리수학지능, 음악지능, 공간지능, 신체운동지능, 인간친화지능, 자기성찰지능 등을 향상시킨다.

PART 2
영유아 예술교육의 현주소

CHAPTER 1

예술교육 프로그램으로 읽는 교육 현실

12
국내의 영유아 예술교육 프로그램들

영유아를 대상으로 하는 국내 예술교육의 현황에 대해 알아본다. 우리나라의 유치원 교육개정을 살펴보면 1차 제정인 1969년부터 통합의 성격을 띠고 있었으나, 2007년 누리 과정 개정에 이르러서 일상생활과 놀이 속에서의 통합교육이라는 유치원의 기본 성격이 규명되고 공통성과 다양성 추구, 자율성과 창의성, 그리고 유아 중심이라는 방향을 갖추게 된다.

국내의 예술교육은 예술교육을 진행하고 있는 기관들을 살펴보면, 국가 수준의 누리과정, 음악 중심의 예술교육 프로그램인 '어린이 그림자 콘서트', 연극놀이 중심인 더 베프의 예술교육과정 SAP, 미술 중심의 교육프로그램인 예술의전당 미술아카데미, 논리 사고력 중심의 브레인 스쿨, 백화점의 문화센터 등이 있다.

장르 중심의
예술교육 프로그램

다음은 음악, 연극, 미술 등 장르 중심으로 운영 중인 예술교육 프로그램의 대표적인 사례들이다.

· 음악 중심의 예술교육 프로그램

음악 중심의 영유아 예술교육 프로그램의 예로는 「어린이 그림자 콘서트 비발디 사계」가 있다. 이 공연은 2016년 2월 20일 기획사 더 브리짓에서 기획한 프로그램으로서 고양 아람누리 1,100석의 아람음악당에서 48개월 이상의 아동을 대상으로 총 2회 개최되었다. 비발디 「사계」 연주와 「꽃들에게 희망을」의 그림자극이 1시간 동안 진행되는 음악과 연극, 문학이 합쳐진 예술교육 프로그램이었다.

· **연극 중심의 예술교육 프로그램**

연극 중심의 영유아 예술교육 프로그램으로는 더 베프(The Befu)가 진행하는 예술교육 SAP가 있다. 미취학 어린이의 성장발달에 맞게, 다양한 장르의 예술매체(음악, 미술, 무용, 언어, 신체표현)를 연계시킨 교육연극 프로그램으로 매 분기마다 하나의 주제를 가지고 통합연극놀이 수업을 진행한다. 수업 방식은 대본이 없는 상황극이며 그날의 주제를 놀이로써 풀어낸다. 예를 들어 새싹 키우기를 주제로 통합연극수업을 한다면, 원예가 주가 되고 미술, 음악, 연극이 함께하는 예술교육 프로그램이 된다. 대상은 5~7세이며 일주일에 1회 진행되고 회당 소요시간은 90~120분 정도이다. 평균 학생 15명에 교사 2명이 수업을 지도한다.

· **미술 중심의 예술교육 프로그램**

미술 중심의 영유아 예술교육프로그램의 대표적인 예로는 예술의전당 어린이 미술 아카데미가 있다. 이 프로그램은 창의력과 사회성을 갖춘 융합형 인재를 양성하고자 한다. 특히 3~4세 교육과정은 연령대별 맞춤 교육이며, 5~7세 과정은 미술과 친해지면서 자유로운 상상력과 창의사고 등을 길러주고 개별 성향을 존중하면서 지도한다.

어린이 미술 아카데미의 여름방학 특별 프로그램 중의 하나인 '행복한 그림 여행'은 교사가 동화책을 읽어주면 아이들이 그림을 그려나가는 방법으로 진행된다. 일주일 동안 다양한 소재를 활용해 사계절을 주제로 미술 활동을 하고 이를 사진으로 찍어서 개개인의 동화책을 만든다. 프로그램은 5~6세를 대상으로 하며, 아이의 발달 단계에 맞는 그림책을 선정해 긍정적인 자아 형성을 돕고, 인내심과 지혜를 통해 문제해결력과 사회성을 기르도록 한다. 또한 자신만의 그림책을 만드는 작업을 통해 상상력을 발달시키고 창의적 사고를 키울 수 있다.

백화점 문화센터의
예술교육 프로그램

현행 국내 영유아 프로그램을 살펴보면, 국립기관으로는 어린이집에서 행하는 예술교육 프로그램이 있고, 사교육기관으로는 몬테소리, 짐보리 등의 다양한 어린이집들이 있다. 그런데 유치원이나 어린이집을 보내기 전에 부모들이 백화점 문화센터에 아이들을 등록시키는 것이 보편화되어 있는 실정이다. 여러 영유아 예술교육 기관들 가운데 많은 부모가 백화점 문화센터를 선택하는 이유는 접근성과 비용이 좋고, 타 기관에 비해 친밀도가 높은 데 있다.

백화점 문화센터에는 미술, 체육, 음악, 통합 등의 다양한 프로그램이 갖춰져 있다. 특히 통합프로그램인 놀이친구 노리야, 5-touch 오감발달 등에는 수요가 몰리는 현상을 보인다. 그 외에 트니트니 키즈 캠프와 유리드믹스도 대표적인 프로그램이다. 트니트니 키즈 캠프는 각기 다른 주제를 이용해 몸의 움직임을 경험하고 원목교구와 스폰지 재질의 교구를 통해 신체를 조절하는 능력 및 사회성을 기르는 프로그램이며, 유리드믹스는 피아노를 통해서 절대음감과 노래를 배우며 예술성을 기르는 프로그램이다.

13
예술교육 프로그램의 한계와 보완점

앞에서 살펴보았듯 예술교육 프로그램들이 국내에도 몇 가지가 있지만, 아직까지는 아쉽게도 한계와 보완점이 있다. 이에 대해 짚어보도록 하겠다.

차별되고 수준 있는 커리큘럼을 기대하며

국내 대부분의 예술교육의 프로그램들은 명칭만 다르고, 구성 내용이 비슷하며, 질적으로나 교육적으로 그 수준이 기대치에 미치지 못하는 편이다. 교육열이 높은 서울 강남 지역에서는 짐보리, 야마하 음악교실, 체육 교실, 미술로 생각하기, 요미요미 등이 주로 인기가 있다. 한글, 영어, 수학 등의 홈스쿨링 등이 반포 지역을 중심으로 많이 있으나 대부분의 프로그램은 커리큘럼에 대한 연구가 더 필요하다.

백화점 문화센터의 오감발달, 유리드믹스, 노리야와 같은 인기 강좌는 조기 마감되는 현상을 보이고 있다. 하지만 몇몇 프로그램은 교사의 수에 비해 너무 많은 아이들이 참여하고 있었다. 또한 백화점 문화센터를 제외하고 월령 기준이 아니라 연도를 기준으로 대상자를 나누고 있다. 하지만 같은 연도 1월생과 12월생과의 차이가 12개월이나 되어서 아이들 간에 현저한 발달의 차이를 보인다. 뿐만 아니라 강남 학원가에 영유아 교육을 하는 기관들이 많이 있지만, 예술교육 프로그램이라기보다는 미술, 음악, 체육 중에서 한 장르에 국한된 프로그램들이 대부분이며, 그중에서도 특히 미술교육 기관이 다수를 차지한다.

예술교육만큼은
예술을 즐기는 것이 핵심

　부모들의 기대가 커서인지, 예술교육에 있어서도 교사가 주도하는 성과 및 결과 위주의 주입식 교육으로 가는 경향이 보인다. 그러다 보니 아이들이 예술을 통해 즐길 수 있는 프로그램보다는 결과물 중심의 프로그램이 더 많다. 그리고 국가나 시 단위의 기관에서 지원하는 보조금 사업의 경우, 아직까지 계량적 수치 중심의 성과를 요구하는 데 그 이유가 있다. 이는 정성적 성과의 경우 객관적인 평가를 진행하기 쉽지 않아서일 것이다.
　또한 최근 오케스트라 교육이 많이 이루어지고 있지만, 교육에 참여하는 예술강사가 전인교육으로서의 커리큘럼을 충분히 소화할 역량이 있다고 보기는 어려운 듯하다. 따라서 아직까지 연주에 필요한 기술만을 가르치는 데 치중된 경우가 많다. 예술교육이 표방하는 가치가 예능인을 기르는 것이 아닌, 전인교육에 무게를 두고 있는 만큼 관련 강사 역량 강화 등을 위한 면밀한 정책이 수립되고, 이런 부분을 보완할 수 있다면 좋을 것이다.

CHAPTER 2

설문과 면담으로 살펴본 영유아 예술교육

14
부모와 교사가 말하는 예술교육

예술교육은 창의성, 다중지능, 다양성, 자신감, 감정 및 감수성, 신체 발달, 사회성, 문제해결력 등 아이의 여러 방면을 향상시킨다. 이 같은 예술교육의 필요성과 효용에 대한 이해 등을 설문 조사와 심층 면담으로 살펴보았다.

설문 조사와 심층 면담, 어떻게 진행했나

설문은 기본적으로 온라인 조사를 진행했다. 조사 대상은 총

209명으로, 남성 105명, 여성 104명이고, 평균연령 37.19세였다. 이들은 모두 서울에 거주자로, 응답자의 대다수인 207명은 현재 기혼이었으며, 2명은 별거, 이혼, 또는 사별의 상태인 것으로 확인되었다. 월평균 가구소득에 따른 응답자의 분포는 월 200만 원 미만이 6명(2.9%), 월 200~400만 원이 미만 66명(31.6%), 월 400~600만 원 미만이 109명(52.2%), 그리고 월 600만 원 이상이 28명(13.4%)으로 나타났으며, 맞벌이 가구(111명: 53.1%)가 외벌이 가구(98명: 46.9%)를 근소하게 앞서는 것으로 나타났다. 직업별 응답자는 회사원(147명: 70.3%)이 가장 많았고, 전업주부(43명: 20.6%), 자영업(8명: 3.8%), 교육계(5명: 2.4%), 문화예술계(3명: 1.4%), 기타(3명: 1.4%)의 순서로 나타났다. 마지막으로 교육수준에 따른 응답자의 분포는 고등학교 졸업 이하 14명(6.7%), 전문대/대학교 졸업 167명(79.9%), 대학원 졸업 이상 28명(13.4%)인 것으로 확인되었다.

 또한 심층 면담을 진행했다. 이는 연구자가 공간적·시간적 제약으로 인하여 직접 관찰하기 어려운 상황에서 정보를 수집할 수 있는 장점이 있다. 심층 면담은 이메일 질의 및 일대일 질문과 대답으로 이루어졌으며, 그 대상은 유아 자녀를 둔 부모, 유아 교사였다.

다음은 조사 시 사용한 심층 면담 질의서이다.

심층 면담 질의서

1. 영유아기 아이들에게 가장 중요한 것은 무엇이라고 생각하는가?
2. 영유아 교육 중 예술교육에 대하여 어떻게 생각하는가?
3. 예술교육의 가장 적절한 시행 시기는 언제라고 생각하는가?
4. 자녀들에게 예술교육이 중요하다고 생각하는가? 중요하다면 이유는 무엇인가?
5. 예술교육과 다른 분야의 교육(한글, 영어, 수학 등) 중 어떤 쪽이 얼마나 더 중요하다고 생각하는가?
6. 예술교육 중에서 특히 어떤 영역(문학, 미술, 신체표현, 연극, 전통예술 등)을 가장 먼저 시행해야 한다고 생각하는가?
7. 예술교육은 누가 담당해야 한다고 생각하는지? (유아교사 VS. 예술교육 전문인력)
8. 아이들에게 가장 효과적인 예술교육은 어떤 형태라고 생각하는가?
9. (영어, 미술, 음악) 등의 단일 분야의 교육과 통합예술교육의 가장 큰 차이점은 무엇이라고 생각하는가?

10. 통합예술교육이 아이들에게 어떤 효과가 있다고 생각하는가? 어떠한 형태의 통합예술교육이 이루어지기를 원하는가? 통합예술교육을 통해 기대하는 효과는 무엇인가?

11. 만일 통합예술교육에 대한 지원이 이루어진다면 어떤 부분에 중점을 두어 교육을 시행하고 싶은가?

12. (다중지능이론에 대한 설명을 들은 후) 다중지능이론을 접촉한 통합예술교육이 국내에 충분한 수요가 있다고 생각하는가?

이렇게 설문 조사와 심층 면담을 통해 도출된 결론을 통합해 분석했다.

한눈으로 살펴보는 조사 결과

영유아 예술교육과 관련해 조사한 결과를 12개 도표로 정리했다.

영역별 교육의 중요성

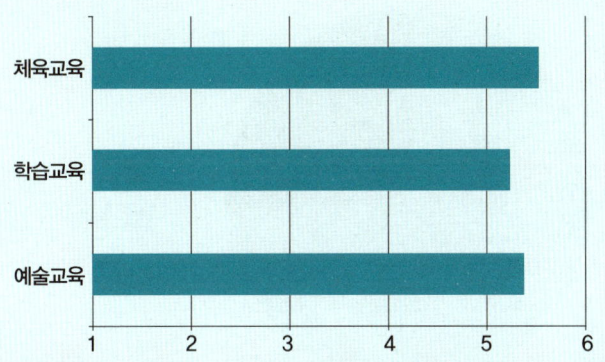

분야별 예술교육 학습시간

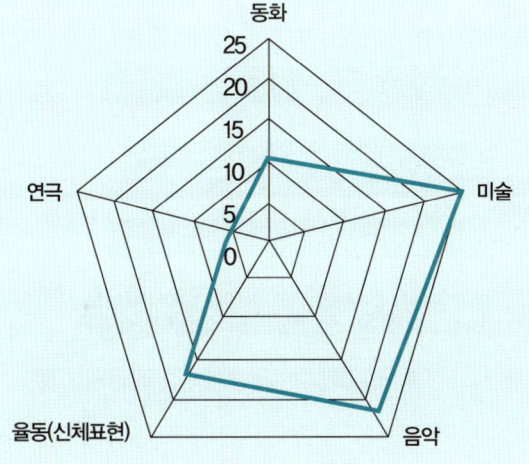

CHAPTER 2. 설문과 면담으로 살펴본 영유아 예술교육

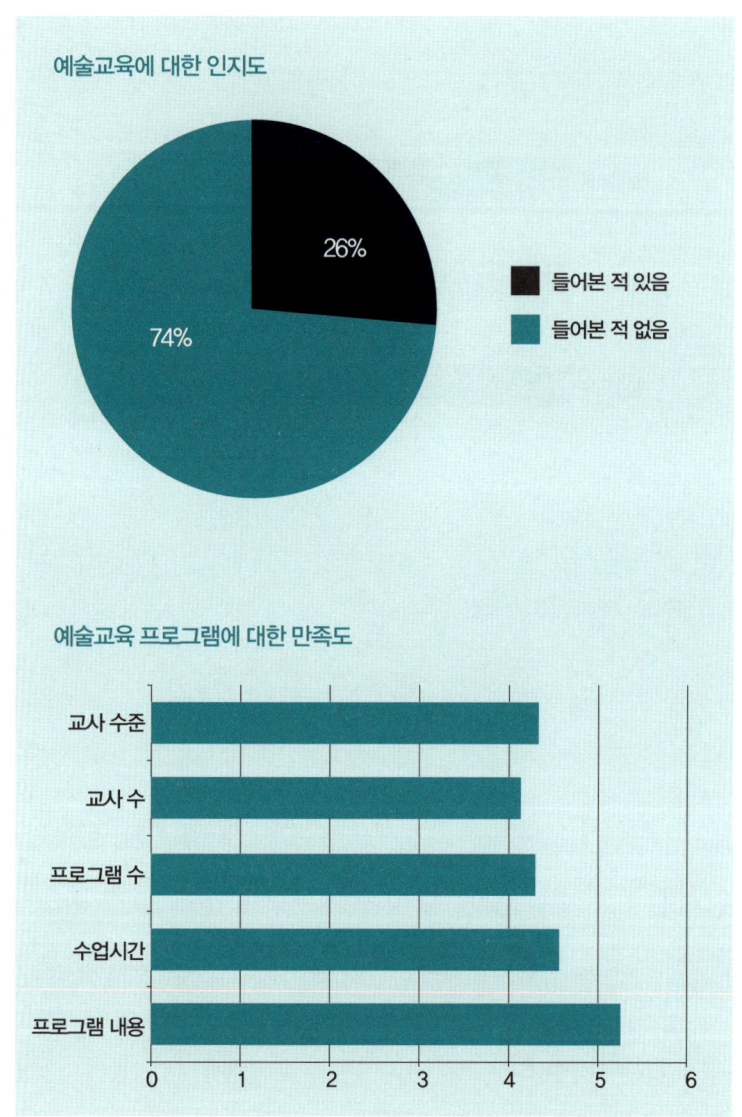

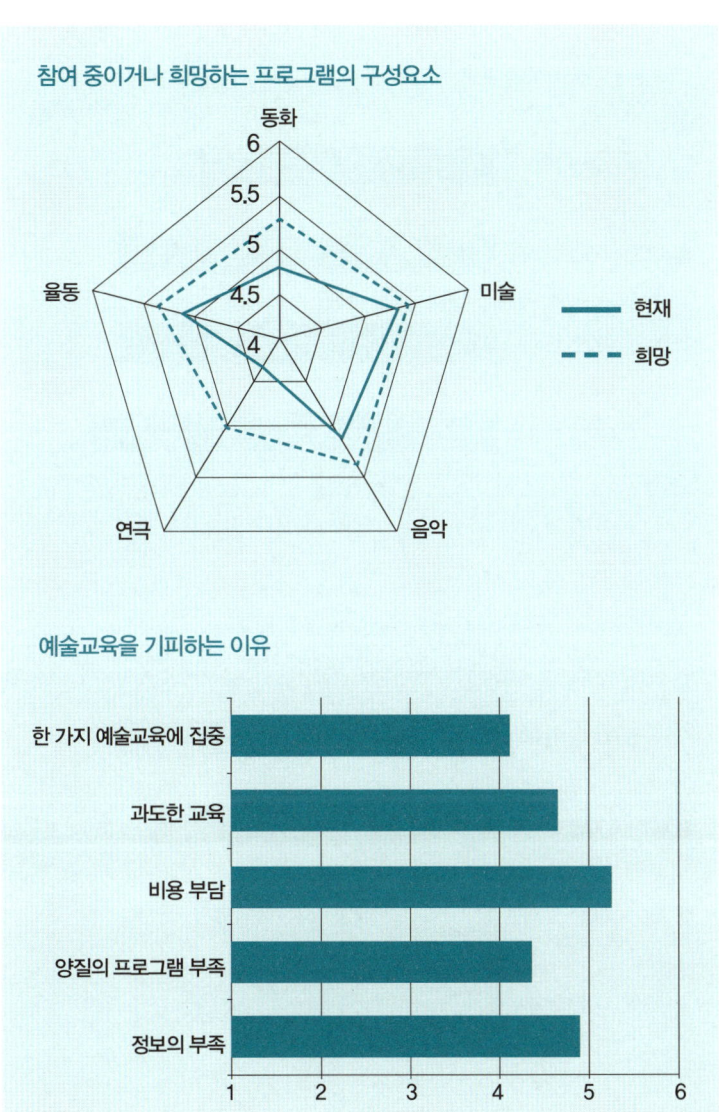

CHAPTER 2. 설문과 면담으로 살펴본 영유아 예술교육

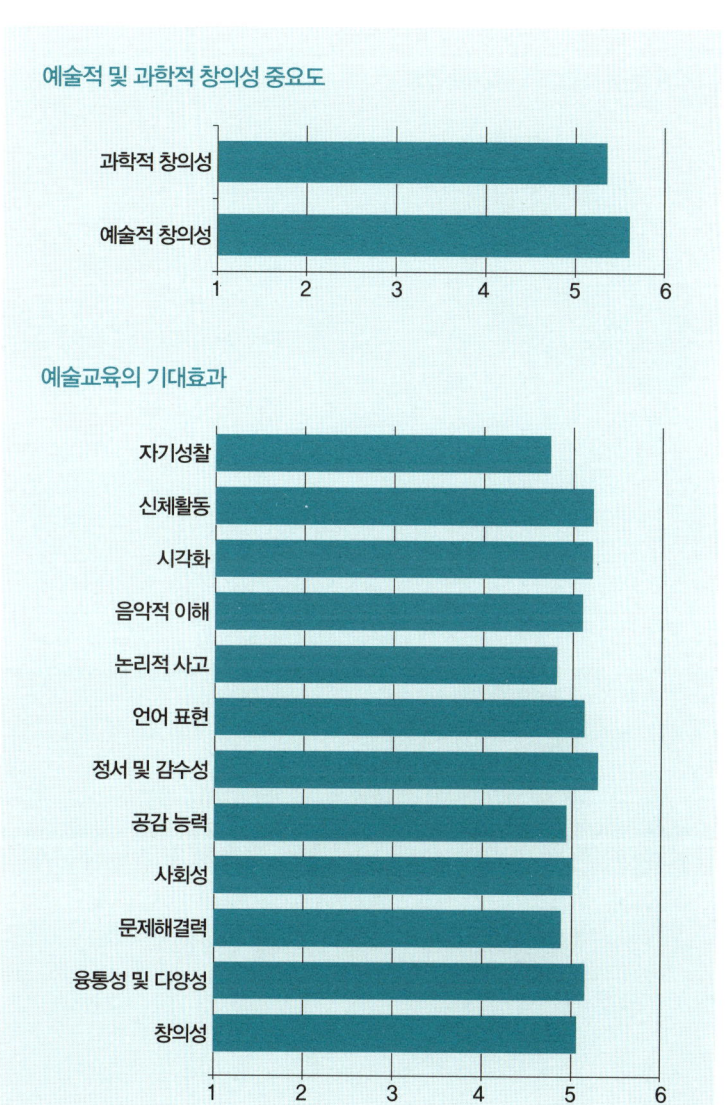

CHAPTER 2. 설문과 면담으로 살펴본 영유아 예술교육

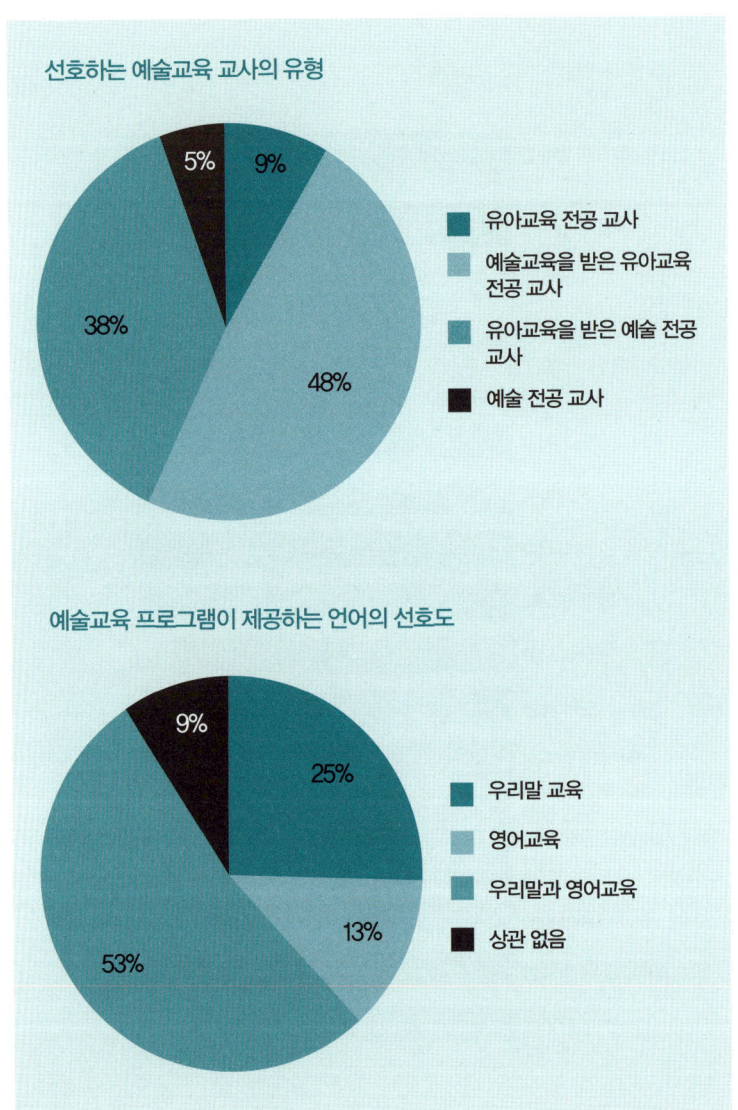

우리 예술교육의 현실

첫째, 부모들은 유아기에는 체육교육, 예술교육, 학습교육의 순으로 중요하다고 판단하고 있었으나, 현실적으로는 이와 반대로 자녀를 교육하고 있었다. 자녀에게 제공하고 있는 교육은 학습, 예술, 체육 교육의 순으로 나타났다.

둘째, 부모와 교사는 예술교육이 중요하다고 인식하고 있었다. 뿐만 아니라, 부모들의 대다수가 예술교육이 무엇인지에 대한 인지가 부족했으나, 인지의 유무에 상관없이 예술교육의 필요성 및 기대효과에 대해서 공감을 했다. 특히 예술교육 경험이 있는 부모와 교사가 그렇지 못한 부모와 교사보다 그 필요성에 대해 더 많이 인지하고 있었다.

셋째, 부모들은 예술교육의 기대효과 면에서는 정서 및 감수성 함양에 가장 많은 도움이 되며, 신체적으로 활동하는 능력, 이미지나 사진을 시각화하는 능력을 향상시킬 수 있다고 인식하고 있다. 그러나 문제해결력 및 자기성찰에 관한 능력에 대한 기대효과는 상대적으로 낮을 것이라고 생각하고 있었다.

넷째, 희망하는 예술교육 프로그램의 구성요소는 동화, 미술,

음악, 연극, 율동의 5가지 영역에 고루 분포되어 있었으나, 현재 이루어지는 예술교육 프로그램은 음악과 미술 그리고 율동 분야로 치우쳐져 있는 양상을 보였다. 이 결과는 부모들은 5가지 영역을 균등하게 경험할 수 있는 프로그램을 희망하고 있으나, 현실적으로 이런 프로그램이 상대적으로 많지 않음을 알 수 있었다.

다섯째, 예술교육의 프로그램의 수준에는 만족하고 있었으나 이에 따른 교사의 수준 및 수가 부족하다고 인식하고 있었다.

마지막으로, 예술교육 프로그램의 활용을 기피하는 이유로는 비용 부담과 정보의 부족을 들었다. 이는 저출산 시대의 자녀 교육에 대한 관심이 증가되었음에도 불구하고 양육비과 사교육비가 부담된다는 국내 연구와 일치하고 있다.

설문과 면담 결과가 우리에게 주는 시사점들

첫째, 부모들은 체육, 예술, 학습의 교육 순으로 중요하다고 생각하나, 실제 교육은 학습, 예술, 체육 위주라는 점에서 필요성대로 자녀 교육이 이루어지지 않는 것을 확인할 수 있었다. 이렇듯 아직까지는 부모가 예술교육의 필요성에 대해 충분한 이해가 부족한 상태이다.

둘째, 예술교육을 인지하지 못하는 부모와 교사가 예술교육의 중요성을 인지하는 부모와 교사보다 그 수가 더 많다. 따라서 구체적이고 세부적인 예술교육에 대한 필요성과 효과, 즉 예술교육 프로그램이 문제해결력이나 자기성찰에 관한 능력을 향상시키기가 상대적으로 힘들 것이다라는 부모의 선입견을 변화시키는 것이 필요하다.

셋째, 부모들은 유아기에 예술적 창의성과 과학적 창의성이 동등하게 중요하다고 보고 있었는데, 예술적 창의성이 유아기 때 주로 발달한다는 점에 대한 인식의 전환이 있어야 한다.

넷째, 한 가지 영역 특히 미술과 음악에 치우치지 않고, 동화, 미술, 음악, 연극, 율동의 5가지 영역을 고루 다룰 수 있는 예술교육 프로그램이 필요하다.

마지막으로, 예술교육 프로그램 기피 이유로는 비용 부담과 정보의 부족이 가장 주요하므로 정책적인 지원이 필수적이다. 한편 교육기관 및 교육업체 입장에서는 다양한 마케팅 방법으로 교육 소비자에게 접근해야 한다는 시사점을 보여준다.

 더 깊이 알기

부모와 교사들이 말하는 우리의 예술교육

Q: 영유아기 아이들에게 가장 중요한 것은 무엇이라고 생각합니까?

A1: 아이들이 즐겁게 지낼 수 있도록 하는 것이요.

A2: 사랑을 많이 받고 자라는 것이라고 생각합니다. 많이 안아주고 함께 놀아주고 사랑한다고 말하는 것이지요.

A3: 사회성입니다. 특히 여러 명이 함께 노는 방법을 터득해야 하는데, 학원 등을 다니거나 단독으로 학습하는 경우 사회성이 떨어지는 것 같아요. 특히 놀이터에서 놀다 보면, 다른 아이들과 얼마 어울리지 못하고 엄마에게 오는 아이들이 많은데, 한자녀 세대에서 더욱 흔하게 나타나는 현상인 듯해요. 초등학교에 입학한 이후에도 부모가 자녀를 일일이 쫓아다니거나, 자녀들이 부모로부터 독립하지 못하는 가정이 있던데요, 관련 있지 않을까요.

Q: 예술교육의 가장 적절한 시행 시기는 언제라고 생각합니까?

A: 예술교육은 어린 나이에 시작하는 것이 전혀 문제가 되지 않습니다. 자유로운 환경에서 예술교육을 받는 아이는 인지 능력과 소근육을 발달시키는 데 많은 도움이 받을 것입니다. 이에 비해 어린 시절에 한글, 수학, 영어 등을 정해진 틀 안의 환경에서 교육받는 것은 오히려 부정적인 영향을 미칠 수 있습니다.

Q: 자녀들에게 예술교육이 중요하다고 생각합니까? 중요하다면 이유는 무엇입니까?

A: 어릴 때 접하지 않으면, 점점 커가면서 접하기 어려운 것이 예술교육입니다. 가능하면 어릴 때부터 시작하면 좋을 것 같습니다. 예술 쪽으로 진로를 선택하지 않더라도 경험을 해본 것과 아닌 것에 대한 차이가 크더군요. 특히 점점 평준화되고 틀에 박힌 사고를 할 수밖에 없는 성적 위주의 교육이 주로 이루어지는 현실에서 더 유연하고 창의적인 사고를 할 수 있는 방법이 예술교육일 것 같습니다.

Q: 예술교육과 다른 분야의 교육(한글, 영어, 수학 등) 중 어떤 쪽이 얼마나 더 중요하다고 생각합니까?

A: 공부로 1, 2등을 바라지 않기 때문에 당연히 예술교육이 더 중요하다고 생각합니다. 한글은 가르치지 않아도 알 수밖에 없고, 수학은 대학을 가기 위해 배우는 것 아닌가요. 예술은 한 사람의 인생이나 인간성을 좌지우지할 만큼 영향을 끼친다고 생각합니다. 당장 눈에 보이지 않더라도 말이죠.

Q: 영어, 미술, 음악 등의 단일 분야의 교육과 예술교육의 가장 큰 차이점은 무엇이라고 생각합니까?

A: 단일 분야의 교육은 가르치는 사람의 편의를 위한 것이라 생각합니다. 또한 영역에 대해 더욱 깊게 전달해야 할 때는 단일 과목을 듣는 것이 좋을 것 같아요. 단 어린아이에게는 통합이 자연스러운 일이 아닐까요? 노래만 1시간 부를 수도 없고, 미술만 1시간 할 수도 없으니까요. 노래하다 춤추고 뛰고 하는 이런 활동들이 자연스럽다고 생각합니다.

Q: 예술교육이 아이들에게 어떤 효과가 있다고 생각합니까? 어떠한 형태의 예술교육이 이루어지기를 원합니까? 예술교육을 통해 기대하는 효과는 무엇입니까?

A: 예술교육은 종합적인 사고를 지루하지 않게 할 수 있도록 도와줍니다. 가능하다면 놀이로서의 접근을 아이들이 좋아할 것 같습니다. 단순히 영어를 배우는 등의 단일 과목을 배우는 것은 A, B, C, D만 외우고 접목되는 것이 없는 단순 암기이기 때문에 아이들의 로봇처럼 일률적으로 획일화된, 다양하지 못한 생각을 가지고 자라날 수 있다고 봅니다. 요즈음 초등학생들을 보면 다양한 놀이를 하지 않고 스마트폰 게임만 합니다. 어렸을 때부터 예술교육을 받아 예술에 대한 흥미를 가진다면, 자연스럽게 놀이를 즐길 수 있게 되고, 중·고등학생이 되어서도 스트레스를 풀 수 있는 방법을 찾을 수 있을 것 같습니다. 아이들이 예술을 즐긴다면 부모와의 공감대 형성도 쉬울 것 같습니다.

Q: 앞으로 예술교육의 전망에 대해 어떻게 생각합니까?

A: 감성은 하루아침에 키워지지 않으며, 단순히 배우거나 습득하는

기술과는 또 다릅니다. 자신의 취향, 자신이 좋아하는 것들의 조화를 이루는 복합적인 것이 감성이며, 이런 감성을 키우는 데 중요한 역할을 하는 것이 예술교육이라고 생각합니다. 또한 자신의 감정을 표출하는 중요한 매개체 역할을 하므로 아이 성격 형성에도 상당히 도움이 될 것 같습니다. 순서는 따로 없지만 미술과 신체표현이 가장 우선시되어야 한다고 생각합니다. 문학이나 전통예술은 아직 이해하기에 무리가 있을 듯합니다.

Q: 예술교육을 할 때 유의점은 무엇입니까?
A: 영유아 예술교육을 지도할 때 가장 중요한 것은 어른들이 원하는 바를 가르치기보다는 아이들 수준에 맞는 교육을 하는 것이라고 생각합니다. 어느 정도 유도해서 하는 것도 중요하지만 궁극적으로 아이들 눈높이 맞추는 것이 가장 중요하지 않을까요. 이때 어려운 점은 아이들의 집중력을(호기심) 어떻게 유지시키느냐인 것 같습니다. 또한 전체적으로 아이들이 흥분되면 가라앉히고 교육에 임하도록 하는 것이 큰 과제일 겁니다. 가장 이상적으로는 균등하게 배분해서 가르치는 것이 좋겠지만 현실적으로 한계가 있을 테니, 아이들의 연

령이나 관심사에 맞게 어느 정도 배분의 정도를 조절해서 교육에 임하면 되지 않을까요. 즉, 아이들의 필요에 따라 유연하게 하는 것이 필요하다고 생각합니다.

15
문화예술 전문가들의
심층 인터뷰

　　영유아 예술교육에 대해 좀 더 자세히 알아보기 위해, 국내의 여러 문화예술 전문가들의 심층 인터뷰를 진행했다. 영유아기에 필수적인 소양부터 예술교육 전반에 대한 이야기를 폭넓게 나누었으며, 그중 부모와 교사 등에게 도움이 될 중요한 예술교육 정보들을 소개한다.

"정답 없는 예술 활동에서
아이는 다양성을 배운다"

주성혜 한국문화예술교육진흥원 원장, 한국예술종합학교 음악원 음악학과 교수

Q: 현재 우리나라의 영유아 예술교육 시스템에 대한 의견을 부탁드립니다.

A: 과거에는 학교 문화예술 교육 예산에 시범적으로 영유아 교육을 위한 예산이 포함되어 있었습니다. 그러다 2016년부터 유아교육 독립 예산을 10억 원으로 배정했습니다. 2018년에는 더 많은 예산의 확보를 위해 노력하고 있습니다. 독립 예산이 생겼다는 것은 예산을 보존할 수 있다는 의미입니다. 이제 문화체육관광부도 영유아 예술교육이 중요함을 인식하게 된 것이지요.

영유아에게 예술교육을 할 때 교사의 역할은 매우 중요합니다. 예를 들어 대학교 1학년 학생들에게 교양 과목을 가르칠 때에는, 갓 졸업한 박사생보다 모든 것을 통달한 원로 교수가 가르치는 것이 더 좋습니다. 근본적인 것, 많은 지식을 정리하여 에센스를 이야기하고 이를 이해시키는 설득력이 더욱 필요하기 때문이지요.

영유아를 가르칠 때도 마찬가지입니다. 특별한 기술이 없어도 예술

에 관심이 있으면 가르칠 수 있다거나, 대충 인터넷이나 책을 베껴서 가르치면 된다거나, 따라하게 하거나, 멋진 결과물로 교육내용을 평가하려는 생각들 역시 문제입니다.

유아 예술교육은 아이들과 소통력이 뛰어나면서 예술적 감성이 어느 정도 있는 유치원 교사가 하면 된다는 이야기도 있고, 반면 다른 쪽에서는 전문 예술교육자가 해야 한다고도 이야기합니다. 누가 맞고 틀리다고 할 수 없습니다. 다만 아이들이 노래를 잘 따라 부르게 교육시킨다는 것은 변화하는 예술교육의 목표인 아이들의 상상력과 창의력을 길러주기 위한 것과는 차이가 납니다.

따라서 만일 유치원 교사가 예술교육을 하려면 아이들의 인지과정에 대한 이해력을 잘 살려서 심도 깊은 전문 예술교육을 경험해볼 필요가 있습니다. 창의적인 프로그램, 상상력을 자극하는 프로그램을 연구하는 사람들이 유치원 교사에게 정교화되고 전문적인 프로그램을 보여줄 필요가 있습니다.

마찬가지로 예술을 공부하고 유아교육에 나서는 예술 강사는 대학에서 주로 예술가가 되는 연습을 했지, 교육자가 되는 교육을 받은 적이 없습니다. 그는 유아나 초등학생들을 가르치는 것보다 차라리 대학생을 가르치는 것이 쉬울 것입니다. 아이들이 어떤 그림을 그리거나, 노래를 할 때 어떻게 반응해야 하는지 알아야 하며, 어떻게 자기의 목표, 더 큰 상상과 즐거움으로 아이들을 이끌어가야 할지에 대한 정교한 훈련이 필요합니다. 이렇게 양쪽 분야의 교사 모두에게 훈련이 필요합니다.

한국예술교육진흥원에서는 예술 강사를 제대로 이끌 수 있는 교육 프로그램을 만드려고 노력하고 있습니다. 예술 강사를 제대로 훈련해서 내보내는 것이지요. 예술 강사가 아이들과 연극이나 무용을 할 때 '따라하세요'가 아니라 스스로 참여하도록 유도하게끔 말입니다. 예술의 본질, 즉 본인의 생각을 표현하는 것을 가르치지 않고, '따라하세요' 즉, 기술을 가르치기만 하면 예술의 즐거움과 가치를 아이들이 느끼기 어렵지 않을까요?

작가들이 왜 평생 예술을 할까요? 자신의 인생에서 겪은 다양한 경험들을 여러 재료를 사용하여 이야기하니 스스로 재미가 있는 것입니다. 예술교육은 아이들이 작가처럼 본인의 이야기를 할 수 있도록 도와주는 것이라고 생각합니다. 예술교육의 현장은 예술의 본질인 본인 이야기를 하는 데 초점을 맞추어야 합니다.

Q: 영유아기에 가장 중요하다고 생각하는 소양은 무엇입니까?

A: 영유아기에 가장 중요한 소양으로 자존감을 꼽고 싶습니다. 저는 어렸을 때부터 부모님께서 늘 '너는 주성혜다'라는 말씀을 해주셨습니다. '다른 아이를 봐라'는 말씀은 한 번도 하지 않으셨습니다. 이 말은 은연중 저에게 가장 큰 재산이자, 자존감을 갖는 밑바탕이 된 것 같습니다. 자존감을 갖는 데 가장 중요한 것은 맞고 틀리는 것이 없는 예술교육이라고 생각합니다. 배타심이 없는 자존감을 키우는 데 예술교육이 가장 중요합니다. 예를 들어, 미술을 할 때 아이들은 다양한 작품을 만듭니다. 그 안에서 친구들의 서로 다른 다양성을 인정하게 됩니다. 건강한 자존감을 가지려면 다양성을 인정해야 하고 그 안에서 내 이야기를 할 줄 알아야 합니다. 그렇지 못한 아이들은 남의 것을 따라 할 줄만 알게 될 것입니다.

Q: 영유아의 예술교육은 어떤 방식으로 이루어져야 할까요?

A: 과거에는 '예술을 굳이 교육을 받냐'라고 생각했지만 최근에는 많이 변화되었습니다. 사회 구성원으로서, 지식인으로서 잘 살아가기 위하여 우리는 국어와 수학 등 다양한 교육을 받습니다. 음악, 미술도 그 교육과정의 일부로 마련되어 있죠. 어린 시절의 예술교육은 아

이들이 인생을 즐기면서 살도록 해주고, 창의적인 성인으로 성장할 수 있도록 도와줍니다.

아이들이 음악을 들으며 춤을 추는 것은 최고의 예술교육이라고 생각합니다. 스스로 자기만의 동작 어휘를 만들어내는 것은 현대무용과도 비슷합니다. 음악을 들으며 춤을 추는 아이들은 리듬과 박자의 변화, 종지법, 화성의 변화를 모두 자연스럽게 느끼고 있습니다. 단지 어른들과 달리 이름을 모를 뿐이지요.

춤추기 수업은 이미 음악과 무용이 이미 통합된 수업입니다. 통합수업에 대한 관심이 최근 높아지고 있는데 진정한 통합예술교육 프로그램을 만들려면 각 분야의 전문가들, 타 장르를 잘 아는 사람들이 모여 많은 고민을 해야 합니다. 아이들은 춤도 추고, 그림도 그릴 수 있고, 슈퍼에서 물건을 살 수 있고, 대통령은 왜 뽑아라고 물을 수 있습니다. 이런 아이들이 활동을 통하여 예술을 즐기도록 이끄는 교사는 특정한 예술적 기술 외에도 많은 것에 이해력을 갖출 필요가 있습니다.

Q: 영유아기부터 받는 예술교육은 아이의 성장에 어떤 영향을 미칠까요?

A: 예술교육을 하면 창의성이 발달한다는 것이 너무 당연하게 여겨

지고 있습니다만, 정말로 창의성을 키울 수 있는 프로그램을 만드려면 많은 고민과 노력이 필요합니다. 이상적인 예술 활동에는 정답이 없습니다. 자신의 생각을 작품으로 만들어내고, 어떤 생각으로 만들었는지를 이야기할 수 있는 것이 무엇보다 중요하겠지요. 그러다 보면 남의 것도 궁금해질 겁니다. 예술작품은 틀린 것이 없습니다. 거기서 '나는 이런데, 너는 이렇구나'라고 생각하면서 아이는 타인에 대한 배려심과 다양성을 배우게 됩니다.

또한 예술 활동에서는 보통 때 쓰지 않는 언어를 사용합니다. 말이 아닌 다른 재료를 사용하기 때문에 아이들에게 새로운 도전의 기회를 제공합니다. 예술 활동은 언어가 할 수 없는 상상과 가능성을 머리가 아닌 가슴으로 느끼게 합니다.

Q: 영유아 교육을 하고 있는 부모에게 당부하고 싶은 점이 있다면요?

A: 자기주도적 학습을 할 수 있도록 아이들을 키워야 합니다. 되지 않는 이야기를 해도 받아주고, 아이들이 서툴게 무엇인가를 하더라도, 참고 기다려주어야 하죠. 그래야지만 자기주도적인 아이로 성장할 수 있습니다. 그리고 엄마가 다방면에 관심을 갖고 유식해지는 것이 중요합니다. 아이들은 여러 환경에 노출되고 많은 생각을 하므로,

엄마가 다양한 관심을 두고 고민하고 눈여겨보아야 아이들을 잘 이해할 수 있게 됩니다.

"예술이 풍부한 환경 속 아이들이 성숙한 사회를 만든다"

최준호 한국예술종합학교 연극원 원장, 연극학과 교수

Q: 왜 예술이 우리가 살아가는 데 중요할까요?

A: 예술은 인생을 즐겁게 살 수 있도록 합니다. 돈이나 명예, 권력보다는 소박해 보이지만 예술을 즐기면서 행복하게 사는 것이 훨씬 더 중요합니다. 공연에 가서 음악을 들은 이튿날 그 덕분에 일하는 8시간을 잘 보낼 수 있다면 예술은 아름다운 가치가 있을 뿐만 아니라 생산적인 것이 아닐까요. 그리고 사회 안에서 상대적 박탈감을 느끼는 사람도 줄어들 것이라고 생각합니다. 예술을 통해 우리는 상대에 대한 존중을 배울 수 있습니다. 그렇기에 성숙한 사회가 되기 위한 밑바탕인 것 같습니다.

이에 대한 인식이 잘 자리 잡은 프랑스에는 예술 관련한 좋은 정책들이 있습니다. 한 가지는 예술로 다른 과목을 배우게 하도록 법령입니다. 예술을 사회에 심기 위해 1990년대 문화부 장관과 교육부 장관을 역임한 쟈크 랑이 만들었습니다. 미술로 역사를 배우고, 음악으로 수학을 배우고, 연극사로 세계사를 배우도록 하는 식의 교육이 이루어졌고, 그 결과 역사 플러스, 수학 플러스의 효과가 나타났습니다. 또 하나는 할인 티켓 제도입니다. 실업자, 19세 미만 학생 등 경제적 여유가 없는 사람들에게는 티켓을 저렴하게 제공해 누구나 예술을 즐길 수 있게 하는 겁니다.

Q: 프랑스에서 자녀교육과 예술교육을 경험한 이야기가 궁금합니다.

A: 프랑스에서 아이들을 낳아 어린 시절을 그곳에서 보냈습니다. 프랑스는 3살부터 고등학교 졸업 때까지 정규교육에 예술교육이 포함돼 있습니다. 이것이 사회가 예술적으로 풍부할 수 있는 근간인 듯합니다. 아이들이 유치원을 다닐 때 부모로서 자원봉사를 하는 기회가 많았고 그때 인상적이었던 사례를 소개하겠습니다.

첫 번째는 연극 발표회입니다. 글씨도 못 읽는 만 3살 아이들이 연극을 선보이는데 도와줄 기회가 있었습니다. '고양이와 쥐'라는 극본이 없는 연극놀이로, 아이들에게 빨강 옷과 까만 옷을 입혀서 고양이와 쥐 역할을 하게 했습니다. 그때 교사가 아이들에게 쥐가 고양이로부터 도망가는 상황을 물어봐서 여러 상황을 만들더군요. 그러면서 아이들이 하나가 되어 협력하는 방법을 자연스럽게 배우는 것이 인상적이었습니다.

두 번째는 미술활동입니다. 유치원을 방문했는데 둘째 아이의 그림이 정중앙에 걸려 있었습니다. 사과는 핑크색 정육면체로, 바나나는 보라색으로 그린 정물화였습니다. 교사는 아이가 특이하게 그림을 그려서 정중앙에 걸어놓았다고 하더군요. 아이는 사과는 자기 손으로 잡기 어렵기 때문에 그림에서는 손으로 잡기 쉽게 정육면체로 그렸고, 사과와 바나나의 색은 자신이 좋아하는 색으로 칠했다고 설명했습니다. 수업시간에 교사는 아이에게 왜 이렇게 그렸는지를 발표하게 했다고 합니다. 특이한 생각에 대해 '자신과 다른 사람에 대한 호기심과 존중, 이해'로서 접근했던 것이지요. 이런 교육방식은 다른 사람, 소수자의 이야기에 귀를 기울이는 습관을 만들어주고, 나아가 사회성이 발달되도록 합니다.

Q: 영유아기의 예술교육에 대해 어떻게 생각하시는지요?

A: 유아기 아이는 자신에 대해서만 이야기하는 것이 일반적입니다. 다른 아이에게 관심을 갖게 하는 것이 바로 예술입니다. 프랑스에서 만난 21세 유치원 교사가 제게 한 말이 있습니다. "아이들이 유치하다고 생각하지 않습니다. 아이는 어른보다 훨씬 자유롭게 생각하고 상상력이 풍부합니다. 아이는 어른과 같은데, 다만 표현하는 방법이 다를 뿐이고, 어른들이 만들어놓은 사회의 룰, 즉 사회성에 대해 아직 알지 못할 뿐입니다." 이 말을 듣고 저는 많은 것을 느꼈습니다. 아이가 예술을 통해서 사회성을 배운다면 다른 사람의 말을 존중하며 자신의 이야기에 스스로 책임지게 될 것입니다. 앞에서 언급한 연극에서 '쥐가 도망치면, 전력을 다해 쫓아가겠다'고 아이가 말했다면, 그것이 가능한지 생각해보도록 하고 그 후에 본인의 말에 책임지도록 해야 합니다. 그렇게 하다 보면 아이는 그다음에는 다른 친구들이 말하고 행동하는 것을 관찰할 것입니다.

Q: 영유아기부터 예술교육을 받으면 아이가 어떤 영향을 받을까요?

A: 관심, 호기심, 공감, 창의성 등이 연계되어 많은 것을 배울 수 있다고 생각합니다. 그런데 이때 아이에 대한 존중이 바탕되어야 합니

다. 본인이 존중을 받으면 상대방에 대한 관심과 호기심을 보이고, 의사소통을 통해서 '내 것은 이런데, 네 것은?'이라는 공감과 반감을 하게 되며, 그러면서 '난 너와 생각이 다른데, 왜 그렇지?'를 고민하는 과정에서 창의성이 생깁니다.

Q: 영유아 교육을 하고 있는 부모와 교사에게 당부를 부탁드립니다.
A: 부모가 교사를 신뢰하고 존중해달라는 이야기를 하고 싶습니다. 그리고 학교는 부모가 신뢰할 수 있게끔 어떤 교육을 진행하는지, 부모가 무엇을 준비해야 하는지 등 작은 정보까지도 공유하는 것이 중요합니다. 또한 교사는 중심이나 원칙을 가지고 아이들을 대해야 합니다. 궁극적으로는 학교교육이 단지 학교 안에서 끝나는 것이 아니라, 사회 시스템과 잘 연결되어야 합니다. 책을 빌려도 공공도서관에서 빌리도록 학교에서 유도하는 식으로요. 인간이 태어나서 죽을 때까지의 환경적 변화를 사회에서 책임지는 것이 제도적으로 되었으면 좋겠습니다.

"교육 같은 교육보다는 놀이로서 예술교육이 좋다"

홍승찬 한국예술종합학교 예술경영과 교수, 전(前) 예술의전당 예술감독

Q: 영유아기에 중요하다고 생각되는 소양은 무엇입니까?

A: 노는 것이 가장 중요하다고 생각합니다. 늦된 아이들, 걷기, 말하기가 늦은 아이들도 하나도 큰일 날 것이 없습니다. 이 시기의 아이들은 육감을 다 사용하기 때문에 무엇보다도 들로 산으로 놀러 다니며, 흙을 만지며 놀고, 입에도 넣어보고, 여러 가지 다양한 소리를 접하면서 많이 보고 느끼면서 자극을 주는 것이 중요합니다.

Q: 영유아기에는 예술교육이 어떻게 이루어져야 할까요?

A: 영유아기에는 교육 같은 교육을 하는 것보다는 아이들이 자연스럽게 놀 수 있는 환경을 제공해주어야 합니다. '예술 전의 예술'이 되어야지요. 기존의 '~해봐라' 방식의 교육은 아이들에게 부담을 줍니다. 미리 무엇인가를 정해놓고 끌고 가려고 하지 말고, 강요한다든지 억지로 하게 하는 것은 안 하느니만 못합니다. 교육을 '놀이'로 바

꿔서 아이들이 부담 없이 자연스럽게 즐기도록 해야 합니다. 예술은 원초적인 방법으로서 접근의 용이성을 가지고 있습니다. 누구나 스스럼없이 쉽게 다가갈 수 있지요. 아이들이 감각기관을 통하여 본능적으로 새로운 것을 느끼면서 감각기관들을 발달시키도록 해주어야 합니다. 흙을 비롯한 여러 재료를 가지고 놀면서 눈으로 형태와 색채를 구별하는 것은 미술의 기초가 될 것이고, 새소리 등의 근본적인 소리를 듣는 것이 음악의 기초가 될 것입니다. 감각을 일깨워주는 수단으로 예술 자료나 작품이 활용되어야지, 바로 예술을 갖다 대면 아이들이 부담스러워할 것입니다. 아이들이 너무 조숙한 단계에 일찍 다다르는 것 또한 좋지 않습니다. 나중에 그 아이가 할 게 없기 때문입니다. 아이들에게 가능한 한 여러 가지 환경, 즉 '거리'를 만들어주고, 그들이 어떤 환경에 반응하는지를 관찰해야 합니다. 다양한 '거리'를 통해 감각을 발달시키는 것이 예술교육과 관계가 있다고 봅니다.

Q: 예술교육이 아이들의 성장에 어떤 영향을 미칠까요?

A: 영유아기에는 산으로 들로 다니면서 자연에서의 소박한 차이를 느끼고, 일차적으로 풍성한 삶, 즐거운 삶을 살아갈 수 있는 바탕을

만들어주는 것이 중요하다고 생각합니다. 이런 바탕을 가진 아이는 살면서 즐길 거리가 더 많을 겁니다. 처음부터 새로운 것을 만들어내라고 하는 것은 아이들 인생에 너무 개입하고 강요하는 것이 아닌가 합니다. 그냥 있는 그대로를 즐기는 삶을 살아가는 것이 필요합니다. 이렇게 즐기는 삶이 기본이 되고 더 나아가서 창의성을 가지게 된다면 좋은 일이지요. 그리고 창의성을 가졌다고 하는 것이 아이에게 꼭 좋은 것만은 아닙니다. 현실과 아이가 생각하는 이상과 차이가 크면 클수록 아이는 힘들어지기 때문이지요.

Q: 영유아 자녀를 둔 부모라면 어떤 태도를 갖춰야 할까요?
A: 부모는 아이가 스스로 관심을 가질 수 있는 환경을 만들어주어야 합니다. 그리고 자연스럽게 끌리는 것을 찾아주어야 합니다. '이것 해봐', '이건 좋은 거야'라며 개입하지 않는 것이 좋습니다. 어떻게 보면 이것도 아이에게 부담을 줍니다. 아무 말도 하지 않는 것이 가장 낫습니다. 일례로 연극의 일종인 소꿉장난을 한다면 배역을 정해주지 말아야 합니다. 남자 아이가 엄마 역할을 한다고 해도 개입하지 말아야 합니다.
예술이 다루는 소재는 사람의 감각에 호소하고 육감을 발달시키는 역할을 합니다. 음악을 들려주는 것 이외에도, 여러 가지 물체를 두드리면서 소리 나는 현상에 대해 스스로 터득하고 물어보도록 유도하는 것이지요. 아이가 물어보기 전에 절대로 부모가 먼저 말하지 말아야 합니다. 그 외에도 아이들에게 감각, 호기심, 용기, 즉 뭐든지 해도 된다는 자세를 키워주는 것이 중요합니다. 이는 거듭되는 행동을 통해서 아이가 깨달아야 합니다.

Q: 자신만의 교육철학에 대하여 말씀해주세요.

A: Telling is Not Teaching. 이것이 제 교육철학입니다. 어른이 개입하지 않고, 아이들 스스로 선택할 수 있는 많은 환경을 만들어주는 것이지요. 부모가 개입하는 것은 아이들에게 스트레스를 주는 일입니다. 창의성을 목표로 교육하는 것부터 아이들에게 부담을 줍니다. 둘 중에 하나를 선택하라는 것 또한 좋지 않습니다. 모차르트, 육자배기 등의 다양한 음악을 틀어주면서 어떤 음악에 반응하는지를 보면서 기다려주는 것이지요. 그리고 진짜 유해한 것은 아예 처음부터 제공하지 말아야 합니다. 그것 말고는 아이들에게 '안 돼'라는 소리를 하지 말고, 아이가 크게 다치지만 않는다면 제지하지 말고, 가능한 많은 경험을 해줄 수 있도록 하는 것이 중요합니다.

"예술교육은 기술교육이 아니라 삶의 문제를 다루는 활동"

임상빈 성신여자대학교 서양화과 교수

Q: 영유아기에 중요하다고 생각되는 소양은 무엇입니까?

A: 첫째, 재현 역량을 길러야 합니다. 이는 자신의 몸, 특히 감각기관을 잘 인지하고 이를 통해 사물을 파악하는 능력을 기르는 것입니다. 둘째, 표현 역량을 길러야 합니다. 이는 자신의 생각과 느낌, 의사를 적극적으로 표현할 수 있는 능력을 기르는 것입니다. 셋째, 유희 역량을 길러야 합니다. 이는 특히 안전에 유의하며 전반적으로 즐겁게 사는(살아남는) 방법을 깨닫는 것이고, 나아가 잘 사는 방법, 더 잘 사는 방법을 찾는 자세를 갖추는 것입니다.

Q: 이 소양과 예술교육과 연계한다면요?

A: 첫째, 재현 역량의 함양을 위해서는 체험 교육이 중요합니다. 예술교육 프로그램을 통해 다양한 자극을 해줌으로써 여러 감각기관을 통해 사물을 있는 그대로, 그리고 색다르게 경험하도록 도와주어야

합니다. 둘째, 표현 역량의 고양을 위해서는 수평 교육이 중요합니다. 예술교육을 통해 다양한 방식으로 자신이 표현하고 싶은 바를 적극적으로 개진하는 능력을 증진시켜야 합니다. 셋째, 유희 역량의 증진을 위해서는 놀이교육이 중요합니다. 예술교육을 통해 어떠한 경우에도 삶을 즐기고자 하는 긍정적인 자세를 가질 수 있도록 도와주어야 합니다.

Q: 중요하게 여기는 교육 철학을 소개해주십시오.

A: 예술교육은 특정 분야의 기술교육이 아닌 총체적인 삶의 문제를 다루는 재현, 표현, 유희 활동입니다. 교육은 과목을 위해서가 아니라 인간을 위해 필요하며 전인격적인 교육을 시키기 위해서는 무엇보다 통합예술교육이 매우 효과적입니다. 특히 영유아기에는 놀이의 바탕하에서 자연스럽게 재현과 표현 역량이 길러지는 것이 중요하며, 과중한 부담을 주지 않는 것이 전제가 되어야 합니다. 아이 위에 프로그램이 군림하거나 자신의 옷에 맞지 않는다는 인식을 주어서는 안 됩니다. 수평적인 관계를 형성하고 철저히 눈높이와 선호도를 맞추어 디자인해줌으로써 아이가 스스로 프로그램의 소비자이며 주인이라고 생각하도록 유도해야 할 것입니다.

"예술교육은 생각을 유연하게
인생을 풍요롭게"

손미정 예술의전당 창의문화팀장

Q: 어떤 일을 하는지 소개를 부탁드립니다.

A: 예술의전당에서 공연기획, 전시기획, 홍보마케팅, 재원 조성 등 다양한 일을 해왔습니다. 현재는 창의문화팀장으로, 앞의 모든 경험을 종합해 예술기관에서 창의적이고 새로운 프로젝트를 기획하는 일을 하고 있습니다.

Q: 현업에서 보는 예술교육은 어떤가요?

A: 예술교육의 변천과 관련지어 설명하겠습니다. 1970년대에는 자녀에게 테크닉을 가르치기 위한 예술교육을 했습니다. 소득 수준에 따라 예술교육의 기회가 결정되던 시기였기 때문에 '할 줄 아는' 데 초점이 맞춰졌습니다. 그 후 예술교육은 국어, 영어, 수학을 뒷받침하기 위해 이뤄졌습니다. 입시와 관련되지 않은 과목들은 모두 마찬가지였습니다. 이제 예전과는 달리 예술교육이 필수로 자리 잡고 있

습니다. 지금은 자녀에게 좋은 인성을 길러주기 위해, 인생을 즐기도록 하는 데 예술교육을 필요로 하는 겁니다. 예술교육을 할 때는 아이를 어떤 방향으로 이끌지 고민하라는 조언을 하고 싶습니다. 그만큼 부모나 교사의 역할이 중요합니다.

Q: 영유아기에 가장 중요하다고 생각되는 소양은 무엇입니까?
A: 예술교육을 받음으로써 인생이 행복하고 풍요로워질 수 있습니다. 내 인생을 주체적으로 살아가는 발판이 마련되는 것 같습니다. 예술교육의 가장 큰 장점은 정답이 없는 것입니다. 생각이 유연해지고 다른 사람에 대한 포용력을 기를 수 있습니다. 현업에 있는 입장에서 예술교육을 받은 아이들이 공감능력과 사고의 유연성이 더 뛰어나다고 느낍니다. 예를 들어 예술교육을 받은 아이는 전형적인 로봇이든, 특이한 로봇이든 여러 로봇 그림을 보면서 '다르게 그릴 수도 있지'라고 생각할 것입니다. 이에 비해 도식화된 교육을 받은 아이는 전형적인 로봇 그림만 생각할 테고요. 또한 요즘은 남의 생각을 듣고, 내 생각을 말하고, 그 안에서 합의점을 찾아내고, 상대방과의 생각이 다를 때는 설득시키는 것이 중요한데, 예술교육은 이를 배우기에 좋은 교육입니다.

Q: 통합예술교육에 대하여 어떻게 생각하시는지요?

A: 세계적으로 예술의 방향이 변하고 있습니다. 미술과 연극, 음악과 미술 등이 통합되는 것이 자연스러운 현상입니다. 예술 자체가 이렇게 변하니 예술교육도 자연스럽게 통합의 방향으로 변하는 것 같습니다. 2000년 초반은 예술교육 시장의 초창기였고 통합예술교육이란 말이 흔하지 않았습니다만, 요즘은 통합예술교육이 활발히 이루어지고 있습니다. 현재 영유아기의 아이들이 성장해 살아갈 시대는 사회의 경계가 없어진 인터렉티브한 사회가 될 것입니다. 이런 사회적 영향으로 예술교육도 통합예술교육 쪽으로 포커스가 맞춰지는 것 같습니다.

Q: 영유아 교육을 하고 있는 부모에게 당부하고 싶은 점이 있다면?

A: '모멘텀'을 만들어주는 것이 중요하다고 생각합니다. 제가 공연기획자가 된 계기는 중학교 시절 본 오페라 공연입니다. 그때 수업의 일환으로 오페라 관람을 하게 됐는데, 선생님께서 오페라를 자세히 보고 싶으면 망원경을 가져오라고 하시더군요. 그래서 집에 있던 군용 망원경을 가지고 갔습니다. 3층 꼭대기에서 망원경을 통해서 무대를 본 순간 신세계를 접했습니다. 이것이 내게 모멘텀이었습니다.

그리고 이 일은 직업을 선택할 때 큰 영향을 미쳤습니다. 만약 지금처럼 전문적인 공연기획자가 되지 않았더라도 일반인으로서 음악애호가가 되었을 것입니다. 이런 모멘텀은 다양한 상황에서 맞이할 수 있습니다. 제가 예술의전당에서 어린이 아카데미를 운영할 때입니다. 데이비드 라세페르라는 세계적인 사진작가가 내한해 당시의 어린이 전시를 봤는데 모든 작품을 구매하겠다고 나섰습니다. 결과적으로 돈 대신, 학용품을 어린이들에게 주고 그림을 가져갔는데, 그때 데이비드 라사페르는 아이들의 한 명 한 명의 손을 잡으면서 이렇게 말하더군요. "너는 이미 훌륭한 예술가야. 앞으로도 계속 좋은 예술가가 되기를 바란다." 그 일을 지켜보며 저는 어떤 아이에게는 좋은 모멘텀이 되지 않았을까 생각했습니다.

Q: 본인의 교육철학은 어떤 것입니까.

A: 교육학자 존 듀이가 이야기한 '진정한 의미의 교육은 평생 스스로 학습할 줄 아는 것. 스스로 호기심을 가지고 배우고자 하는 것'이 제 교육철학입니다. 평생교육의 중요성이 잘 드러나는 말입니다. 저는 새로운 분야에 관심을 가져보려고 노력합니다. '피아노를 배웠는데 다른 악기를 더 배우면 어떨까? 아니면 미술을 해보면 어떨까?' 하

는 식으로요.

"다채로운 예술교육들이 아이의 삶을 즐겁게 한다"

이형규 강남심포니 오케스트라 오보에 수석, 서울 솔리스트 윈드 오케스트라 및 비르투오조 필하모닉 오케스트라 지휘자

Q: 영유아기에 중요하다고 생각되는 소양은 무엇입니까?

A: 저는 13세 딸과 8세, 3세의 아들들이 있습니다. 우선적으로 아이들에게 중요한 것은 신체적으로 건강하고, 정신적으로 즐거운 것이라고 생각합니다. 그래서 일찍 퇴근하는 날이면 아이들을 데리고 놀이터에 나갑니다. 그리고 6세 정도에는 아이들에게 '계획성'에 대하여 알려 주는 것이 필요하다고 생각합니다. 저는 8세인 아들과 함께 매일 20~30분씩 피아노를 치는데요. 지속적으로 하다 보니 아들은 매일 피아노를 치는 것을 자기가 해야 할 일이라고 여깁니다.

Q: 아이들을 키우면서 지키고 있는 교육철학이 있다면요?

A: 한 곡을 연습 할 때에는, 수십 번, 수천 번 같은 곡을 연습해 보아야 합니다. 같은 곡을 첫 번째, 두 번째, 세 번째, 열 번째, 스무 번째 이렇게 연습할 때마다 매번 그 느낌이 다릅니다. 같은 곡이라도 말이죠. 인생도 마찬가지 아닐까요. 같은 경험이라도 처음 할 때와 여러 번 했을 때, 경험의 회수가 증가할수록 성장한다고 생각합니다. 그리고 성장하고 성취감을 느끼기 위해서는 끈기와 인내가 필요합니다. 끈기와 인내는 살아가는 데 꼭 필요합니다. 특히 음악은 삶을 즐겁게 해줄 뿐만 아니라, 아이들이 끈기와 인내를 배울 수 있는 중요한 수단이 됩니다.

Q: 음악을 배우면 좋은 점이 무엇인가요?

A: 저는 비르투오조 오케스트라라는 아마추어 오케스트라를 지휘하고 있습니다. 그들이 연주를 할 때 무척이나 행복해 보입니다. 음악은 한 곡 안에, 기쁨, 슬픔, 분노 등의 다양한 감정을 가지고 있습니다. 여러 간접 경험을 하거나 곡을 쓴 작곡가와 교감을 할 수도 있습니다. 또한 음악은 혼자 연주하는 것이 아니기 때문에, 앙상블을 통하여 팀워크를 배울 수 있습니다.

Q: 영유아기에는 예술교육이 필요하다고 생각합니까?

A: 어렸을 때부터 다양한 예술교육을 받는 것이 삶을 즐겁게 만듭니다. 아이들 입장에서도 한글을 배운다거나, 영어를 배우고, 셈을 배우는 것보다는 신나게 노래하고, 그림을 그리고, 춤추는 것이 더 즐거울 겁니다. 그래서 무리되지 않는 한 아이들이 많은 경험을 했으면 합니다. 여기서 중요한 점은 좋은 선생님을 만나는 것입니다. 아이들에게 부담을 주지 않고 즐겁게 가르치는 교사 말입니다.

Q: 영유아기에는 예술교육이 어떻게 이루어져야 할까요?

A: 저는 음악을 하면서 아이들이 많은 상상력을 키울 수 있다고 생각합니다. 예를 들면, '스타카토'는 아주 짧지만 개구쟁이처럼, '레가토'는 부드럽게, 꿀처럼, 따뜻하게…… 이런 것들을 상상해야 하기 때문이지요. 저희 딸아이가 얼마 전에 과학 공상 그림을 학교에서 그려왔는데, 정말이지 제가 상상하지도 못했던 기발한 이야깃거리들을 한 장의 도화지에 담아왔더군요. 아마도 딸이 어렸을 때부터 피아노와 플루트를 연주하면서 머릿속으로 많은 것을 상상한 것이 도움되지 않았나 합니다.

Q: 영유아 자녀를 둔 부모들에게 도움되는 말씀을 부탁드립니다.

A: 음악을 전공하는 사람으로서 자녀에게 음악교육을 하는 부모에게 조언을 드리고 싶습니다. 음악을 전공으로 할지, 비전공으로 할지는 아이가 얼마만큼 음악을 좋아하고, 계획적으로 연습할 수 있는 능력이 있는지를 보고 판단해야 합니다. 음악 공부 환경에 적응하지 못한다면 음악을 굳이 전공으로 시킬 필요가 없습니다. 그리고 음악을 처음 배울 때는, 아이에게 스트레스를 주지 말고, 공연장을 데리고 간다든지 해서 아이가 음악에 흥미를 갖도록 하는 것이 중요합니다.

PART 3
영유아 예술교육의 해외 현장을 찾아서

해외에서 이루어지고 있는 바람직한 예술교육의 사례는 다음과 같다. 미국 노스캐롤라이나 문화원(North Carloine CouncilC)에서 주관하는 A+ School 프로그램,• 하워드 가드너와 데이비드 퍼킨스(David Perkins)가 함께 다중지능이론을 바탕으로 하버드대학교에서 만든 통합교육 프로그램인 프로젝트 제로(Project zero), 존 듀이(John Dewey)와 1920년에 영국의 서머힐 스쿨(Summer Hill School)을 설립한 A.S 니일(Nill)의 사상을 바탕으로 한 일본의 체험중심 통합학교인 키노쿠니(Kinokuni) 학교•• 등이 대표적이다.

이번 장에서는 동양의 연극 중심 예술교육 프로그램인 싱가포르의 줄리아 가브리엘의 에듀드라마와 서양의 음악 중심 예술교육 프로그램인 뉴욕 필하모닉의 베리 영 피플스 콘서트를 살펴본다. 두 프로그램은 필자가 교육현장을 직접 관찰하고 관계자를 인터뷰하는 등의 작업을 통해 집중적으로 연구했다.

- http://www.aplus-schools.ncdcr.gov
- http://www.kinokuni.ac.jp

CHAPTER 1

줄리아 가브리엘의 에듀드라마

16
교육 선진국의 예술교육, 에듀드라마

　　세계적 교육 선진국 가운데 한 곳인 싱가포르의 대표적인 연극놀이 프로그램인 에듀드라마(EduDrama)는 창시자인 줄리아 가브리엘(Julia Gabriel)이 본인의 경험을 바탕으로 설계한 교육 프로그램이다. 줄리아 가브리엘은 11세에 연극 수업을 통해 내성적인 성격을 외향적인 성격으로 바꾸는 경험을 했다. 이후 영국의 길드홀 연극학교와 런던예술학교에서 공부했고 지속적으로 연극 활동을 계속했다. 30세가 되던 해, 줄리아 가브리엘은 아이들의 교육에 관심을 갖고 길드홀 음악 및 연극학교의 교사 자격증을 획득해서 1981년부터 본격적으로 교육 활동을 시작했다. 1980년대에는 소규모로 가정에서 연극을 가르쳤고, 점차 규모를 확장시켜 현재 자신의 이름을 단

'줄리아 가브리엘의 에듀드라마'라는 독창적인 예술교육 프로그램을 정착시켰다.

세계가 주목하는 에듀드라마의 지속적인 성장

에듀드라마는 연극과 문학, 미술, 무용 등의 다양한 영역에서부터 접근하는 예술교육 프로그램이라는 점에서 다른 유아 대상 교육 프로그램과 차별화를 꾀했다. 1990년에 줄리아 가브리엘 스피치와 드라마 센터(Julia Gabriel Speech and Drama Center)라는 이름으로 공식 출범한 후, 2000년대 초반 읽기와 쓰기 프로그램(Readers and Writers), 6~18개월의 영아를 대상으로 한 플레이네스트(Playnest), 18~36개월 유아를 대상으로 한 플레이클럽(Playclub), 유치원 등으로 프로그램을 확대해나갔다.

1995년 에듀드라마는 싱가포르 교육부에 공식 등록되었으며 중국어와 영어를 가르치는 학교도 함께 설립했다. 이때부터 싱가포르 곳곳의 유치원이나 초등학교에서 줄리아 가브리엘의 프로그램을 운영하기 시작했는데, 1998년 싱가포르의 중심지에 학교를 열었으며, 현재는 다섯 곳에서 줄리아 가브리엘 프로그램을 운영하고 있다. 이후 해외에도 에듀드라마가 도입되기 시작되어 2002년 인도의 델리에 줄리아 가브리엘 분원을 설립했고, 2004년 인도네시아의 자카르타, 2006년 말레이시아 쿠알라룸프르, 그리고 2007년 중국 상하이까지 진출했다.

17
에듀드라마의 특징과 교육효과

　　에듀드라마는 과연 어떤 프로그램인가? 크게 3가지로 설명할 수 있다.

　　첫째, 예술교육 프로그램이다. 연극, 율동, 언어, 미술, 노래 등의 다양한 장르가 결합되어 아이들을 놀이로서 자연스럽게 교육시킨다.

　　둘째, 설립자인 줄리아 가브리엘이 실제 현장 경험을 토대로 프로그램을 만들었다. 현장에서 습득한 경험과 영국의 트리니티대학교(Trinity College)의 검증된 프로그램을 결합시킨 커리큘럼은 실전과 이론이 융합된 효과적인 프로그램으로 탄생했다.

　　셋째, 연극 중심의 프로그램으로서 연극 활동을 통해 얻을 수 있는 다양한 효과를 포함하고 있다. 에듀드라마가 표방하는 교육효과들은 다음과 같다.

- 개별화를 통해 자신만의 독특한 방법으로 생각, 감정을 표현할 수 있다.
- 놀이에 참여하는 과정을 통해 협동의 기회를 제공한다.
- 흥미로운 연극적 방법으로 학습의 동기를 부여한다.
- 언어와 사고, 행동이 함축된 상호작용과 의사소통의 형태를 제공하며, 인지, 정서, 사고 등 환경과 정신적 영역을 통합한다.
- 감정이입을 통한 일체감 형성 및 상대에 대한 공감 능력을 형성한다.

연극 중심, 과정 중심의 에듀드라마에서 배우는 것들

에듀드라마는 유아의 의사소통, 리더십, 자기표현력 등을 자연스럽게 키워줌으로써 전인격체를 위한 성장의 발판을 마련하는 것을 목적으로 한다. 특히 에듀드라마는 연극 중심의 예술교육 프로그램이며, 극놀이, 마임, 인형극, 역할놀이, 스토리텔링, 소리 내어 읽기, 글쓰기 등으로 아이들의 표현력을 증대시킨다.

연극의 교육적 장점에 대해서는 브라이언 웨이의 말에 귀 기울일 필요가 있다. 그는 1950년대의 놀이연극의 선구자인 피터 슬레이드*와 함께 연구를 진행했는데, 「연극을 통한 발전」에서 연극을 통해 아이들이 실제 삶의 상황을 안전한 환경에서 배울 수 있다고 했다.

에듀드라마에서 가르치는 연극을 살펴보자. 수업 중 교사는 실제로 연기하기보다는 하나의 상황을 제시하면서, 그 상황에 관해 토론과 연극적 행동을 유도하는 방식의 프로세스 드라마(Process Drama**) 즉, 과정 드라마를 만들어간다. 즉, 에듀드라마는 아이들이

● 피터 슬레이드는 영국 버밍험 출신의 교육연극학의 선두주자로서, 1954년에 『어린이 드라마(Child Drama)』라는 책을 출판했다. 그는 어린 시절 과정 드라마에 노출되면 자기표현을 잘하게 된다고 했다. 그리고 교사와의 최소한의 상호작용을 통해 아이들끼리 의사소통을 하면서 창의력을 증진시킬 수 있다고 했다.
●● 하나의 제재를 두고 과정 드라마의 기법을 이용해서 표현하는 것으로서 이해를 쌓아가고 생각의 방향을 정리해가면서 스스로 결론에 이르게 하는 방법이다.

직접 참여하는 과정 중심(Process-Oriented)의 교육이다. 아이들에게는 결과물 중심(Product-Oriented)에서 최소의 요소만을 가진 과정 중심에 더 집중을 한다. 이 과정 중심 드라마 교육의 목표는 의사소통 기술을 발전시키고 창조적인 사고를 하는 것이다. 줄리아 가브리엘의 상임이사인 마크 가브리엘에 따르면, 역할놀이는 영유아들에게 실수를 해도 괜찮다는 긍정적인 인식을 심어주고 이는 현실에 있어서도 제한이나 압력이 없는 환경을 조성해준다.

에듀드라마의 8가지 교육효과에 주목하라

과정 중심으로 이루어지는 에듀드라마는 '몰입과 집중, 사회적이고 정서적인 인지 능력, 비판적인 사고, 상상력, 언어, 말하는 성량과 말하기, 조직력, 표현력' 등 8가지 요소의 향상을 중요시한다. 이들 요소는 '노출, 발견, 연습, 숙지 그리고 확장'이라는 단계들을 거쳐 향상된다.

피터 슬레이드가 제시한 연극을 통한 발전 과정

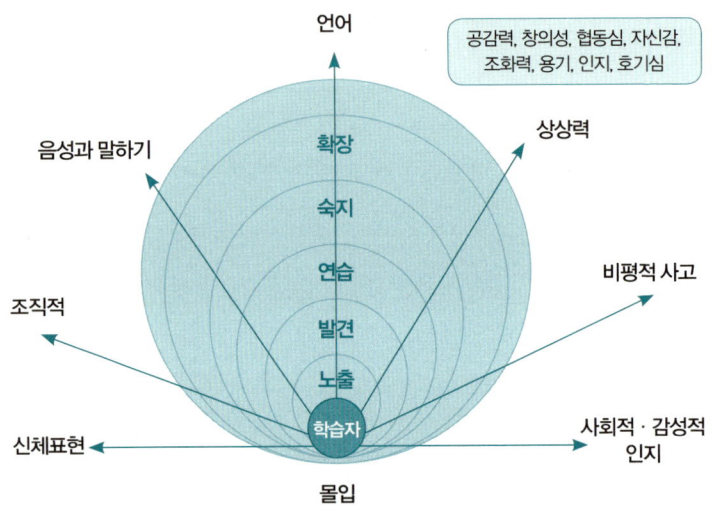

출처: EduDrama, p.41

그 과정에서 아이는 다음과 같은 교육효과를 경험할 수 있다.

첫째, 남을 배려하는 능력을 키울 수 있다. 책이나 이야기, 시를 통해 상대방의 입장에서 생각을 해봄으로써, 다른 사람을 어떻게 존중하는지를 배운다.

둘째, 창의성을 개발할 수 있다. 프로그램 안에서 연극놀이를 하면서 창의성을 배운다.

　셋째, 협동심을 기를 수 있다. 긍정적인 계획 아래에서 교육 받고 성장한 아이는 범주 내에서 어떠한 식으로 협동할 수 있는지를 배운다. 또한 스스로 계획을 세울 수 있고 스스로 동기를 부여할 수 있기 때문에, 책임감 있는 의사 결정을 내릴 수 있게 된다.

　넷째, 자신감을 회복할 수 있다. 자신감은 긍정적인 경험의 반복을 통해서 얻어질 수 있는 능력이다. 주어진 기회 안에서 실수를 하더라도 계속 반복을 하면 실수를 극복할 수 있다.

　다섯째, 조화로움을 추구할 수 있다. 협동하는 아이는 다른 아이와 함께 조화로운 생활을 할 수 있다. 이를 통해서 리더십과 의사소통의 방식을 배우고, 상대방의 동기를 어떻게 고무시킬 수 있는지, 팀워크는 어떤 방식을 통해 이룰 수 있는지 등을 자연스럽게 익힌다.

　여섯째, 용기를 얻을 수 있다. 소그룹으로 함께 활동을 하다 보면, 의견을 제시하고 그에 대한 책임을 배우면서 스스로에 대한 믿음을 가지게 된다. 이것은 리더로서 그룹을 이끌어가는 용기, 문제를 해결하는 용기, 그리고 상대방을 서로 신뢰하는 용기로 이어진다.

　일곱째, 인지력을 향상시킬 수 있다. 인지력은 지식을 알아가는 과정임과 동시에 지식 그 자체이다. 에듀드라마를 통해 직관력을 믿는 연습을 할 수 있다.

마지막으로 호기심을 느낄 수 있다. 에듀드라마라는 프로그램을 통해 아이들은 더욱더 많은 호기심을 갖게 된다.

18
에듀드라마의
운영 원칙과 기본 구성

에듀드라마를 좀 더 구체적으로 들여다보도록 한다. 운영의 원칙들부터 살핀 뒤 프로그램의 기본 구성을 알아본다.

신체활동을 우선하되
예술과 접점을 찾아가는 운영 원칙

에듀드라마를 진행할 때 운영자의 세부적인 방침은 다음과 같다. 아이들이 스스로 결정을 할 수 있게 하는 것, 학습자의 생각이 수업에 적극적으로 반영되도록 하는 것, 학습자가 듣고 아이디어를 받아들이고 질문을 하는 것, 책임을 지는 것, 나누고 협상하고 타협하는 것, 아이들이 연극놀이를 하는 과정에 있어서 창의적으로 참여하는 것 등이다.

또한 에듀드라마는 크게 5가지 다양한 활동들로 이루어져 있다.

- 몸풀기(warming up)
- 소리와 말하기(voice and speech)
- 혀 운동(tongue twisters)
- 표현력-크게 읽기(expressive speaking - reading aloud)
- 실용적인 말하기-의사소통 기술(practical speakingcommunication skills)

이 활동들을 통해 아이들은 자연스러운 신체활동을 경험하고 예술과 연계점을 찾아가는 과정을 추구한다. 이렇듯 에듀드라마는 교육환경이 잘 조성되어 있기 때문에, 실제 현장에서 아이들의 호응을 많이 얻는 것이다.

에듀드라마의
3단계 구성

에듀드라마의 프로그램은 총 3단계로 구성되어 있다. 1단계는 어른과 함께하는 36개월까지의 프로그램이고, 2단계는 말하기와 연극이며, 3단계는 읽기와 쓰기 프로그램이다. 이를 각각 플레이네스트, 플레이클럽, 스테핑 스톤즈라는 단계들로 구분한다.

에듀드라마의 학습 진도표

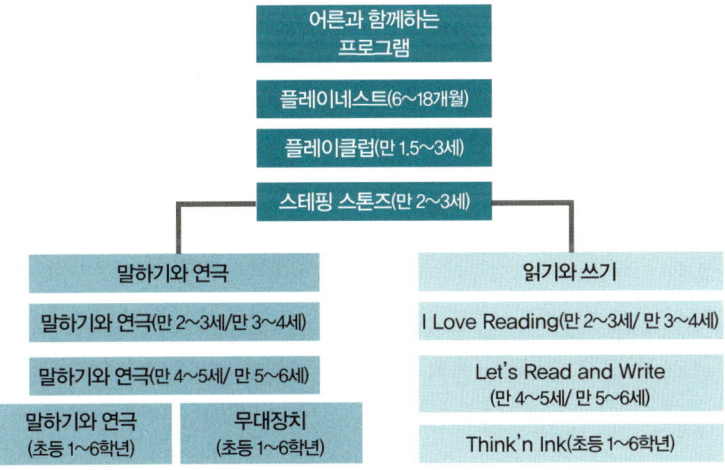

- **1단계: 어른과 함께하는 플레이네스트**

첫 번째 단계인 플레이네스트는 6~18개월의 영유아를 대상으로 한다. 이 시기에 아이는 스폰지처럼 많은 것을 흡수하고, 사회성을 처음 접하며, 이야기와 언어를 통해서 상상력을 키운다. 이 단계에서는 미술을 통해서 오감을 발달시키고, 다양하고 건강한 간식을 통해 미감을 발달시키며, 음악을 통해 소리와 리듬감을 가르친다.

- **2단계: 말하기와 연극 중심의 플레이클럽**

플레이클럽은 다음 단계로서, 아이들의 발표력을 향상시킬 수 있는 기회가 주어지며, 역할을 하는 교사들이 학습자와 함께 연극놀이를 수행한다. 이 프로그램에서 아이들은 음악과 율동을 통해 자신감을 향상시키는 훈련을 한다.

- **3단계: 읽기와 쓰기 중심의 스테핑 스톤즈**

그다음 단계는 스테핑 스톤즈이다. 말하기와 연극 단계로 넘어가면, 아이는 의사소통이 원활해지고 자신의 의견을 정확하게 발표하며, 발달된 어휘력을 바탕으로 듣는 능력을 기를 수 있다. 이 프로그램에서는 음악, 이야기, 시, 만들기를 통해서 스스로 생각하는 능력을 배운다.

24~48개월의 영유아를 대상으로 한 읽기와 쓰기 프로그램은 알파벳을 읽고 이해하게 하며, 이야기에 대해 심도 있게 가르치고, 서로 협동하며 놀이하는 능력을 키워줄 뿐만 아니라, 연필 잡는 습관을 길러준다. 아울러 이 시기의 연극 프로그램은 놀이를 통한 학습을 추구한다. 언어, 이야기, 음악 등을 통합해 프로그램을 진행함으로써 영유아들의 상상력을 증진시킨다. 동시를 비롯해 이 시기에 알맞은 이야기책을 읽어주고 발표를 시킴으로써, 자신감을 향상시키고 스스로 생각할 수 있는 능력 및 독립심을 키워준다.

48~60개월까지의 영유아들을 대상으로 한 수업은 협동과 정체성을 심어주는 것을 목표로 한다. 그리고 읽기와 쓰기에 대한 흥미를 더욱 고무시킨다. 이야기를 읽어주고 그 이야기에 대해 토론을 유도하면서 자신감과 사고력을 길러준다. 또한 문장구조에 대한 이해를 돕는다. 또한 스스로 연극을 만들기도 한다. 그 외에 토론하는 연습, 집중력, 표현력, 자신감 향상을 위한 수업 등이 진행된다.

연극놀이 프로그램을
개발한 목적

줄리아 가브리엘은 아이들의 쓰기, 읽기, 말하기 능력을 발전시키기 위해 이런 프로그램들을 만들었다.● 특히 영유아 어린이들을 위해 연극적 요소를 기본으로 가지고 있으며, 음악, 미술, 율동, 언어 등을 가미한 프로그램을 만들었는데, 줄리아 가브리엘 측의 이야기에 따르면 그중에서 플레이네스트, 플레이클럽, 스테핑 스톤즈가 가장 인기 있는 프로그램이다.

연극놀이의 목적은 아이의 참여율과 책임감을 높이자는 것이다. 각각의 연령대마다 지도 방법이 다른데, 만 2~3세는 전체 아이들이 교사의 지도하에 준비된 질문들을 한다. 아이들은 서로 협동하면서 교사들의 지시에 따라 행동하게 된다. 만 4~6세의 아이들이 참여하는 연극 수업에서는 교사들이 연극의 상황 속에 참여했다가 참여하지 않았다가 하는 식으로 진행을 한다. 이때 교사들은 아이들에

● 3R은 Reading, wRiting, aRithmethic으로, 교육의 기본소양으로 인식되어온 개념이다.

게 '예/아니오'와 이분법적으로 말하는 사고가 연극 진행의 방해가 될 수 있다는 점을 자연스럽게 터득할 수 있도록 도와준다.

19
플레이네스트:
6~18개월 대상

플레이네스트(PlayNest)는 영유아의 정서적 안정과 안전을 가장 중요하게 생각하는 프로그램으로서, 6~18개월의 영아들이 부모 혹은 주교육자와 함께 참여한다. 1시간 30분 동안 일주일에 2회 진행되며 한 학기는 3개월로 이루어져 있다. 매 학기마다 음식, 여행, 교통수단 등의 특정 주제를 가지고 수업이 진행된다. 이 기간 동안에 영유아들은 매우 빠른 속도로 성장하기 때문에, 아이들의 발달 속도에 맞춰 교육하는 것이 중요하다. 이 프로그램은 부모 혹은 주양육자와 함께 긍정적인 애착형성을 할 수 있도록 도와주며 성인과 학습자 모두가 즐길 수 있도록 구성되어 있다.

이 프로그램은 교사, 인형, 부모와 함께 상호작용을 하면서 사회성을 기르도록 도와주고, 상상력, 소리, 리듬, 이 시기에 적당한 언어, 이야기, 음악 등을 통해서 영유아들을 자극시키며, 미술 및 공작시간을 통해 감각을 발달시키고, 운동 능력, 균형감각, 공감각력을 연습하게 한다. 간식시간에는 함께 음식을 나누어 먹으며 사회성을 기르고 다양한 간식을 접하게 해 아이의 미각을 발달시킨다.

플레이네스트 수업현장을 가다

플레이네스트 수업은 아이들이 자유롭게 교실에 입장해 바닥에 있는 장난감을 가지고 10분 정도 놀다가 교사의 주도로 '정리하자(Clean Up Time)' 노래를 부르면서 장난감을 정리하고 시작된다. 그 후 '아침인사 노래(Good morning)' 노래와 율동을 하면서 몸을 풀고, 교사가 이름을 부르고 인사를 하면서 수업이 본격적으로 진행된다. 이어 '마술 상자(What's in the magic box)' 노래를 부르면서, 무지개 종이로 포장된 상자를 아이들이 돌아가면서 순서대로 두드려보고, 교사는 아이들이 모두 그 박스를 만져본 후에 고양이 인형을 꺼낸다.

고양이를 순서대로 돌아가면서 모두 만져보는데, 이때 고양이 인형이지만 마치 실제 고양이인 것처럼 기초적인 역할놀이를 통해 상호작용을 한다. '이야기 시간(Story Time: Are we sitting down for story time? Are we being quite for story time?)' 노래를 부르는 동안 아이들은 이야기 들을 준비를 하면서 바닥에 동그랗게 앉는다. 이후 교사가 고양이 인형과 함께 고양이가 등장하는 동화책을 읽어준다. 이 동화를 들으면서 아이들은 알파벳을 자연스럽게 인식하게 되는데, 예를 들면 과자(Cookie)라는 이름을 가진 고양이(Cat)가 등장함으로써 C라는 알파벳에 대한 인지와 더불어 책에 대한 흥미도 갖게 되며 자연스럽게 시간의 흐름에 대해 이해한다.

그 후에는 마술 상자에서 꺼낸 고양이로 그 고양이가 진짜 고양이인 것처럼 연극을 한다. 연극은 매번 주제가 달라지는데, 야채죽을 만드는 연극, 여러 가지 과일을 맛보는 연극, 소풍을 가는 연극, 딸기를 찾는 연극 등 다양한 주제로 연극놀이를 진행한다.

이어지는 미술 및 요리시간에는 반죽을 하면서 과자 만드는 체험을 하고 간식을 먹는데, 간식을 먹기 전에 '손을 씻으러 가요(This is the way we wash our hands, wash our hands)' 노래를 부르며 줄을 맞춰

화장실에 가서 손을 씻고 간식을 먹는다. 간식을 먹을 때는 교사가 아이들에게 얼마큼 먹을 수 있는지 물어본 후 적당량을 나누어준다.

간식을 먹은 다음에는 바깥 활동이 시작된다. 바깥 활동을 하기 전에도 역시 '준비되었나요(1, 2, 3, 4 everybody by the door, 1, 2, 3, 4, 5 are you ready)'를 읊조리면서 줄을 서서 바깥에 나가 15분가량 놀이 수업을 한 뒤, 다시 교실에 들어와서 '안녕, 비누방울(Bye Bye bubbles)' 노래를 비눗방울 놀이와 함께하면서 수업을 마친다.

이 같은 프로그램 구성에서도 살펴볼 수 있듯이, 스토리텔링, 노래, 율동, 미술 등의 복합적인 요소로 한 가지 주제, 즉 고양이가 과자를 만드는 과정에 대해 접근하면 아이는 수업시간을 즐겁게 보낼 수 있다. 동시에 다른 아이들과도 상호작용을 하면서 사회성까지도 점차 배운다.

20
플레이클럽:
18~36개월 대상

플레이클럽(PlayClub)은 18~36개월의 영유아를 대상으로 하는 프로그램으로서, 일주일에 2회 진행되며 한 학기는 3개월로 이루어져 있다. 플레이네스트와 마찬가지로 매 학기마다 음식, 여행과 교통수단 등의 주제를 중심으로 진행된다. 이때는 자기조절력과 자주성이 향상되는 시기여서 아이는 점점 독립성이 강해지고 플레이네스트 시기보다 더 많은 아이들과 어울리고 싶어한다. 특히 생후 29개월 무렵부터는 그룹의 아이들과 함께 활동하면서 독립성이 커진다. 플레이클럽은 가정 생활과 유치원 생활의 중간 단계로서, 하나의 주제를 다방면에서 접근하는 통합적인 교육 방법을 취한다. 따라서 아이들은 음악, 율동, 연극, 공작, 이야기, 음악, 미술 등의 활동을 하며 간단한 알파벳, 숫자, 도형과 색깔에 대해서 배운다.

플레이클럽
수업현장을 가다

플레이클럽 프로그램은 2시간 동안 율동, 음악, 미술, 연극, 언어, 식사예절 등이 진행된다. 수업 초반의 10분 동안은 율동 즉, 헬리콥터처럼 팔을 펴고 남들과 부딪치지 않고 돌면서 몸 풀기를 시작하고, 그다음에 알파벳과 연관된 동화책을 읽고, 동화책과 주제가 연결된 미술을 한 뒤, 손 씻고 간식을 먹고, 학습자가 직접 만든 미술작품을 가지고 연극놀이를 하며 마무리한다.

수업시간 내내 아이들은 노래를 부르는데, 예를 들면 수업을 시작할 때는 '안녕(Hello, Hello, Hello)' 노래를 부르고, 동화책을 읽어주기 전에는 아이들이 손으로 망원경을 만들면서 플레이네스트부터 불렀던 '이야기 시간(Story time; Are we sitting down for story time? Are we being quite for story time……)' 노래를 함께 부른다. 그리고 간식 먹기 전, 손을 씻으러 갈 때는 '우리는 이렇게 손을 씻어요(This is the way we wash our hands)' 노래를 부르고, 연극을 하기 전에는 '갈색 곰 이리 와. 하나, 둘, 셋, 넷······ 열'(come on brown bear. one, two, three······ ten*)이라는 짧은 시를 읊은 뒤 '갈색 곰 노래(If you can clap your paws, stroke your ears, wriggle your nose and smile, The PlayClub Bears, the PlayClub Bears will tell you stories for a little while)'를 부르고 나서, 갈색 곰과 함께 이야기 시간에 읽었던 동화를 확장시켜 역할놀이를 하며 연극놀이를 한다. 또한 수업이 끝나기 전에는 아이들이 원하는 동요를 피아노 반주에 맞추어 함께 부른다. 그런 뒤 마지막으로 '안녕 안녕 친구들(bye bye friends)' 노래를 부르며 수업을 마친다.

주목할 점은 아이들이 부르는 노래에 의성어가 많이 등장한다는 것이다. 예를 들어, "can you roar like a lion~ roar, roar, roar, then everybody freeze! lalalalalala~ can you sing like a bird tweet, tweet, tweet, then everybody freeze! lalalalala~ can you fly like an airplane, fly~fly~fly"라는 식이다. 이를 번역하면 다음과 같다. "사자처럼 어흥 할 수 있나요. 어흥 어흥 어흥. 그리고

● 수업을 진행하는 교사들이 모자를 쓰거나, 망토를 두르는 등 간단한 변장을 하고 갈색 곰 역할을 하면서, 아이들은 자연스럽게 역할놀이 극에 참여한다.

모두 얼음! 라라라라라라. 새처럼 짹짹거릴 수 있나요 짹짹짹! 라라라라라라. 그리고 모두 얼음! 비행기처럼 날 수 있나요. 윙, 윙, 윙." 이렇게 동물과 물건의 흉내를 내는 노래와 동작을 통해 아이들은 의성어를 배우고 균형감각을 익힐 수 있다.

이런 과정을 살펴보면 음악과 연극, 미술 등의 모든 예술 장르가 수업 안에 놀이의 형식으로 포함되어 있음을 알 수 있다.

21
스테핑 스톤즈: 24~36개월 대상

스테핑 스톤즈(Stepping Stones)는 24~36개월의 아이들을 대상으로 하며 부모와 함께 참여하는 프로그램이다. 유치원에 가기 바로 전 단계의 프로그램으로 과도기적인 역할을 한다. 아이의 독립성, 사회성, 학습적인 면, 창의성과 동기부여 능력에 중점을 두며 이 과정 역시 연극, 음악, 율동 그리고 발표하기 등을 포함하는 통합적인 예술교육 프로그램이다. 이 프로그램은 앞에서 다룬 플레이네스트와 플레이클럽과 달리, 아이들과 의사소통을 하고 발표를 하면서 자신감을 형성하는 것에 중점을 둔다.

스테핑 스톤즈
수업현장을 가다

수업시간에 아이들은 관심 있는 것에 대해 발표한다. 친구와 함께 놀이한 이야기, 자신이 가장 좋아하는 장난감, 가장 좋아하는 놀이 등 자유 주제로 차례대로 돌아가면서 발표시간을 5분 정도 갖는다. 이때 아이는 다른 아이들과 함께 소통하는 방법을 배우게 되며 표현 방법을 익힐 수 있다.

또한 수업시간에는 알파벳과 소리 내는 방식을 리듬을 통해서 학습한다. 리듬은 매주 읽어주는 책과 시 그리고 언어게임을 통해서 배운다. 예를 들어 /f/를 배우는 주에는 『소방관 피기위기(Fireman Piggy Wiggy)』라는 책을 읽고, '불을 끄자(fighting fires)'라는 주요 문구를 배우고, 아이들이 가상현실에서 소방관이 되어 불을 끄는 연극을 한다. 이로써 교사는 아이들에게 불은 단순히 위험한 존재가 아니며, 불이 나면 물로 진화시켜야 한다는 것까지 가르친다.

22
교육시장에서 에듀드라마는 어떻게 성공했나

줄리아 가브리엘의 에듀드라마가 시장에서 성공할 수 있었던 요인을 분석해보자. 부모들은 물론, 교육 전문가들도 성공 요인에 주목하고 가능하다면 국내 사례에 적용해보면 좋을 것이다.

첫째, 교육적인 면을 살펴보면, 연극을 중심으로 음악, 무용, 미술, 동화 등의 통합적인 방법으로 한 가지 주제에 접근을 한다. 특히 연극을 만들어가는 과정 중심(Process-Oriented)•으로 접근하여 아이들의 상상력과 창의성을 향상시키는 데 중점을 두었다. 이와 더불

- '마치 ~처럼'이라는 상황을 만들어 아이들이 연극에 몰입하도록 하기 때문에 상상력과 창의력을 향상시킬 수 있다.

어 각 프로그램은 발달 단계에 다른 연령별로 유기적으로 연결되어 진행된다. 플레이네스트, 플레이클럽, 스테핑 스톤즈 등 단계별로 수업이 진행되지만 모두 예술교육이라는 큰 뼈대를 유지하고 있으며, 매 과정마다 주요한 노래가 같아서 아이들이 상급반으로 올라갔을 때에도 쉽게 적응할 수 있다.

둘째, 체계적인 교사 시스템을 통해 교육의 효과를 극대화했다. 에듀드라마 수업에서 아이들과 교사의 비율은 플레이 네스트일 경우 3:1, 플레이 클럽일 경우 4:1, 스테핑 스톤즈부터는 5:1의 비율로서 아이들과 교사의 상호작용이 원활하다. 뿐만 아니라 전문적인 교사 지침서를 통하여 교사에게 에듀드라마의 교육 이념 및 목적, 수업을 진행할 때 아이와 어떤 식으로 상호작용을 해야 하는지까지 자세하게 교육하고 있다. 예를 들어, 수업 초반 10분은 아이들과의 스킨십을 하지 않고 큰 동작으로 몸을 풀라고 하며, soft라는 단어를 사용할 때는 몸을 움츠리고 작은 목소리로 이야기하라고 하며, loud라는 단어를 사용할 때는 팔을 펴고 큰 목소리로 말하라고 교사 지침서에 지시되어 있다.

셋째, 학습자의 발달 과정을 고려한 프로그램의 설계이다. 줄리아 가브리엘의 교육 프로그램에서 가장 대중적인 것은 6~18개월 대상의 플레이네스트, 18~36개월 대상의 플레이클럽, 24~36개월 대상의 스테핑 스톤즈이다. 즉 6~36개월의 아이들을 대상으로 하고 있다. 일반적으로 36개월 미만의 아이들은 유치원에 보내기에는 아직 이른 연령대로 인식되어 있다. 하지만 정서적으로는 부모와의 애착 형성이 중요한 한편 사회성을 익혀야 하는 시기이다. 따라서 이 시기의 아이들을 대상으로 틈새시장을 공략한 것이 에듀드라마의 주요한 성공 요인이다. 실제로 싱가포르에서는 3가지 프로그램에 등록하려면, 보통 6개월에서 일 년 정도 대기를 해야 할 만큼 인기가 높다.

넷째, 이미 해외에서 검증된 트리니티대학교의 커리큘럼을 싱가포르의 실정에 맞게 도입하였다는 점이다. 마케팅적인 관점에서 살펴보면, 중요한 성공 요인으로 꼽을 수 있다.

다섯째, 접근성이 용이한 지리적 특성이다. 줄리아 가브리엘 에듀드라마의 본원은 싱가포르 중심가의 포럼 쇼핑센터(Forum Shopping Mall)에 자리 잡고 있다. 또한 포럼 쇼핑센터 내에 계열 유치원을 소유하고 있어, 유치원 운영을 하지 않는 토요일과 일요일에는 유치원에서 별도의 에듀드라마 프로그램을 시행하고 있다.

 더 깊이 알기

에듀드라마의 수업 현장

에듀드라마 수업을 받는 아이들은 언뜻 노는 것처럼 보인다. 연극, 미술, 음악 등 여러 장르를 놀이로서 교육하기 때문이다.

에듀드라마 프로그램은 영유아의 정서적 안정과 안전을 가장 중요하게 여기기 때문에 부모 혹은 주교육자와 함께 참여하는 경우가 많다.

CHAPTER2

뉴욕 필하모닉의
베리 영 피플스 콘서트

23
뉴욕 필하모닉의
국내외 교육 프로그램들

　　미국에서 가장 오래된 오케스트라인 뉴욕 필하모닉은 1842년 설립되었으며, 안톤 드보르작, 구스타프 말러, 리하르트 스트라우스, 아르투르 토스카니니, 이고르 스트라빈스키, 아론 코플란드, 브루노 월터, 쿠르트 마주어, 로린 마젤 등 유명한 지휘자들을 음악 감독으로 배출했다. 역사와 전통을 자랑하는 뉴욕 필하모닉 오케스트라는 교육 사업에도 관심이 높아서, 뉴욕의 링컨 센터에서 정기 공연을 하며, 매해 무료 야외 콘서트를 개최하고, 매주 금요일에는 13~26세 관객을 대상으로 무료 공연을 열고 있다.

미국 내 다양한 교육 프로그램들

뉴욕 필하모닉에서 시행해온 교육 프로그램은 무척 다양한데, 1926년에 번스타인에 의해 시작된 청소년 음악회(Young People's Concert)가 대표적이다. 만 8~17세를 대상으로 하는 청소년 음악회는 일 년에 4회 시리즈로 개최된다. 이는 클래식 음악의 개념 및 역사를 뉴욕 필하모닉이 연극, 문학 등을 이용해 통합적인 방법으로 청소년들에게 설명하는 교육 음악회이다. 이 청소년 음악회에서 확장된 교육 음악회가 베리 영 피플스 콘서트(Very Young People's Concert)이다.

또한 필하모닉 학교(Philharmonic Schools)라는 프로그램은 예술 강사(Teaching Artists)를 통해 보급되는데, 꼬마 작곡가(Very Young Composer),● 작곡가와의 연결(The Composer's Bridge),●● 꼬마 작곡가

● 방과 후 진행되는 학교 연계프로그램이며 만 9~11세의 아이들이 작곡을 한다. 이를 통해서 아이들은 오케스트라의 악기를 배우며 창의성을 향상시킨다. 아이들이 작곡한 곡은 뉴욕 필하모닉이 연주한다. 이 프로그램의 목표는 단순한 음악가 양성이 아닌, 음악을 통해 아이들에서 감성과 즐거움을 주는 것, 즉 'Fun Value'가 목표이다.

●● 꼬마 작곡가를 수강한 아이들이 중학교로 진학하면서 연계해 교육받는 프로그램이다. 기술과 창의성을 더욱 고무시키고, 이들이 작곡한 곡들은 뉴욕 필하모닉의 행사 등에서 연주된다.

인터내셔널(Very Young Composers International)＊로 세분화된다. 아동들과 서로 상호작용을 할 수 있는 키드존(Kidzone)을 이용해 인터넷을 통한 교육도 하고 있다. 키드존에서는 공연 전에 작곡가나 음악에 대해 무료 강의(Pre-Concert Insights)를 진행한다.

국제적으로 활발히 운영되는 교육 프로그램들

아울러 뉴욕 필하모닉은 해외 아이들을 위한 교육 프로그램들도 운영 중이다. 우선, 상하이 심포니 오케스트라(Shanghai Symphony Orchestra), 상하이 콘서바토리(Shanghai Conservatory of Music)와 함께 상하이 오케스트라 아카데미(Shanghai Orchestra Academy＊＊)라는 글로

●　　꼬마 작곡가 프로그램은 미국뿐만 아니라, 한국, 중국, 일본, 베네수엘라, 스페인, 핀란드 그리고 미국의 도시들에서도 진행되고 있다. 특히 국내에서는 2011년부터 한국예술교육문화진흥원과 협력 프로그램으로 운영 중이며, 참여하는 아이들은 리듬, 음정, 악기에 대해 배운다. 특히 초등학생들이 국내의 전통 음악으로 작곡을 한다.
●●　2015년부터 오케스트라 전체가 상하이에서 매해 여름 교육 프로그램을 진행한다.

벌 아카데미를 설립했다. 또 다른 글로벌 아카데미로는 산타 바바라 음악학교 (Music Academy of West)와 세퍼드 음악학교 (Shepherd School of Music)가 있으며 2015~2016 시즌에는 미시간대학교와 5년 동안 상주 파트너십 프로그램을 진행했다.

뉴욕 필하모닉은 국제적으로도 많은 공연을 했는데, 그동안 63개국의 432개 도시에서 공연을 했다. 첫 번째 투어는 1930년에 개최된 유럽 투어이고, 2008년에는 음악감독 로린 마젤의 지휘 하에 미국의 오케스트라로는 처음으로 평양 음악회를 성공리에 마쳤다. 2012년에는 영국 런던의 바비컨 센터와 함께 계약(International Associates Residency)을 체결해 뉴욕 필하모닉 오케스트라의 대표 프로그램인 스트라빈스키의 페트르슈카, 자이언트는 작다(Giants Are Small dramatization of Stravinsky's Petrushka), 청소년 음악회, 베리 영 피플스 콘서트, 꼬마 작곡가(Very Young Composers of New York and London), 컨탁(CONTACT!) 콘서트 등을 진행하기도 했다.

뉴욕 필하모닉은 1922년부터 라디오 방송을 금주의 뉴욕 필하모닉(The New York Philharmonic This Week)이라는 프로그램을 진행하기 시작했고, 이는 전 세계적으로 뉴욕 필하모닉 웹사이트에서 청취할 수 있다. 텔레비전 방송으로는 1950~1960년대에 번스타인의 청소년 음악회가 CBS 방송을 통해 방영됐다. 그 후 PBS 방송을 통해 링컨센터 생중계(Live From Lincoln Center)를 하기 시작했으며, 2003년에는 그래미 어워드에서는 처음으로 오케스트라 단독으로 출연하기도 했다.

뉴욕 필하모닉은 1917년을 기준으로 현재까지 약 2천 개의 음반을 출시했다. 2004년에는 주요 오케스트라로는 최초로 웹사이트에서 다운로드를 받을 수 있도록 했다. 뉴욕 필하모닉 레온 레비 디지털 자료실(New York Philharmonic Leon Levy Digital Archives)을 통해 1842년부터 진행된 프로그램을 무료로 다운로드할 수 있도록 하고 있다.

24
베리 영 피플스 콘서트의
역사와 특징

      뉴욕 필하모닉에서 주최하는 교육 프로그램의 일환인 베리 영 피플스 콘서트는 2005년에 시작됐다. 음악중심의 예술교육 프로그램으로, 음악에 문학과 율동의 요소를 결합시켰다. 컬럼비아대학교 음악교육 교수이자 베리 영 피플스 콘서트 프로그래밍을 담당한 로리 쿠스토데로(Lori Custodero)는 음악이 영유아기에 중요한 이유

- 로리 쿠스토데로는 영유아기의 아이들은 집중력이 낮고 매우 자유롭기 때문에 특별한 프로그램이 필요하다며, 특히 움직임, 율동, 노래 등의 상호작용을 하는 방법을 다양하게 제시했다. 베리 영 피플스 콘서트의 효과적인 프로그램 개발을 위해 컬럼비아교육대학원 학생들이 6~8명의 그룹을 만들어 학교 학점의 일환으로 작업을 진행했다. 또한 재즈 앳 링컨센터(Jazz at Lincoln center)의 미취학 아동을 대상으로 하는 Webob 프로그램을 창립했는데, 이는 2012년 「New York Magazine」에서 best music class로 선정됐다.

는 음악을 통해서 아이가 세상을 알아가기 때문이라며, 영아기 아이는 부모나 주양육자와 소통하기 위해 음성(음악)을 사용하며 유아기로 접어들면서 자신을 표현하고 편안하게 만드는 수단으로 음악을 이용하거나, 혼자 또는 같이 어울려 놀 때 음악을 즐기기도 한다고 했다. 즉, 영유아의 삶 속에 녹아든 음악은 세상을 이해하는 데 중요한 역할을 한다는 것이다. 이와 더불어 어린 시절부터 공연을 관람하는 것은 영유아기 아이의 삶에 긍정적인 영향을 미친다고 주장했다.●

    로리 쿠스토데로에 따르면, 창의성은 환경으로부터 주어진 것, 즉 사물, 사람, 공간 등을 변화시키는 것이다. 그는 아이들이 본질적으로 음악극을 하거나, 노래를 부르거나, 율동을 하는 것 그리고 악기를 연주하는 것이 상상력이나 탐험심을 일으키는 수단이자 동시에 감각적으로 세상을 알아나가는 과정으로 보았다.

●   로리 쿠스토데로는 이메일 인터뷰에서 다음처럼 부연 설명했다. "아름다운 음악을 듣는다는 것은 첫 번째로 미적인 경험을 더욱더 풍부하게 하며, 두 번째로 사회적인 관점에서 세계적인 음악가들의 연주를 가족 혹은 친구들과 함께 관람하는 것은 의미 있는 경험이 된다. 부모들도 공연 관람을 마치고 집에 갈 때, 음악에 관한 새로운 아이디어를 가지게 된다. 이 새로운 아이디어는 결과적으로 아이들에게 긍정적인 영향을 미칠 것이다." (2015.12.12.)

오랜 전통 속에서
시대 흐름을 반영한 교육 콘서트

아이들의 창의성 개발을 위해 뉴욕 필하모닉에서는 다양한 교육 콘서트를 기획해왔는데, 가장 대표적인 것은 번스타인의 청소년 음악회로 1958~1972년 CBS 방송국에서 방영됐다. 이후에도 6세 이상의 어린이를 대상으로 하는 청소년 음악회는 계속 만들어지고 있다. 청소년 음악회와 함께 기획된 베리 영 피플스 콘서트는 공연 일 년 전에 예매를 해야 관람을 할 수 있을 정도로 미국 내에서 인기가 매우 높다.

1926년, 6~12세 아이들을 대상으로 시작된 청소년 음악회가 베리 영 피플스 콘서트의 모태이다. 당시 이 콘서트에 대한 수요는 높았으나, 청소년 음악회를 진행하는 공연장이 2,600석으로 지나치게 크고 공연시간도 너무 길어서 공연 자체의 집중도가 낮았다. 이런 문제를 해결하기 위해 2004년 뉴욕 필하모닉의 교육팀장인 테드 위푸르드(Ted Wipurd)가 6세 미만의 어린이들을 대상으로 한 프로그램인 베리 영 피플스 콘서트를 기획했고, 2005년 오케스트라 단원을 대상으로 베리 영 피플스 콘서트에 관심이 있는 현악기 연주자들을 모집해 12명이 모여 첫 콘서트를 열었다.

 그 뒤 이 프로그램은 로리 쿠스토데로와 함께 공동연구를 통해 전문적이고 체계적으로 다듬어졌다. 로리 쿠스토데로는 영유아들이 음악과 함께 자연스러운 활동을 할 수 있도록 학문적 기반을 마련해주었다.●

 베리 영 피플스 콘서트는 처음부터 오케스트라 단원들이 직접 연주곡의 선정부터 스토리텔링과 연주 중간의 활동 등에 관여해서 프로그램을 구성했다.●● 단원들의 참여도가 점차 높아져 다양한 악기 연주가들이 참여하기 시작했다. 이후 공연이 지속되면서 콘서트를 이끌어갈 사회자의 필요성을 인식하게 되었고, 영유아기 아이들이 보다 효과적으로 공연을 즐길 수 있도록 실험집단을 만들어 테스트를 해본 후에 프로그램을 수정해나갔다. 이런 과정을 거쳐 실내악 장르가 아이들에게 접근이 용이한 장르라는 결론을 내렸다.

 2015년부터 뉴욕 필하모닉은 아동문학 전문 작가를 고용해,

● 만 3세와 만 4세가 음악을 인지하는 능력이 다르다는 사실에 학문적으로 접근했다.
●● 뉴욕 필하모닉 단원들은 프로그램에 대해서 많은 고민을 했고 열정적으로 일했다. 그들은 「텔레토비」를 보면서 어린아이들이 무엇을 원하는지를 파악하기도 했다.

콘서트의 교육적인 효과를 더욱 극대화했다. 현재 이 콘서트는 만 3~6세 관객을 대상으로 개최되지만 영아부터 그 이상의 아이들까지 참여할 수 있다.

베리 영 피플스 콘서트의 성공적인 현황

베리 영 피플스 콘서트는 마케팅적인 면에서 성공적인 사례로 꼽힌다. 콘서트 공연장은 뉴욕 필하모닉 오케스트라의 상주 공연장인 링컨 센터에서 도보로 5분 정도의 위치에 있는 450석 규모의 멀킨 홀(Merkin Hall)이다. 공연은 일 년에 세 차례, 각 3회씩 이루어진다.

프로그램 운영비를 절감하기 위해 청소년 음악회 프로그램 책자에 베리 영 피플스 콘서트를 광고하고 정기 회원에게 이메일을 보내는 식으로 홍보를 하면서 마케팅 비용을 최소화했다. 또한 티켓 가격은 처음에는 미화 20달러였다가 정기공연 티켓과 같은 비율로 인상해 현재는 미화 23~28달러 선이다. 이런 인상율에도 불구하고 베리 영 피플스 콘서트의 티켓 판매는 거의 매회 매진이 되고 있으며 대기 예약을 받을 정도로 성공적이다.

베리 영 피플스 콘서트의 공연 횟수를 살펴보면, 공연을 처음 시작할 때에는 1회 공연으로 시작했으나, 점점 수요가 급증함에 따라서 3회 공연으로 횟수를 늘렸다. 토요일, 일요일의 1회 공연과 월요일 아침 공연은 연계된 학교에 할인된 가격으로 티켓을 제공한다.

25
베리 영 피플스 콘서트의
세부 프로그램

베리 영 피플스 콘서트에서는 공연장을 놀이터로 규정한다. 이 공연은 스토리텔링, 스크린, 사회자 등 일반적인 클래식 공연과는 다른 요소들이 있다. 특히 스토리텔링을 공연에 도입해 영유아기 아이들이 스크린의 그림과 함께 공연에 더 친숙하게 다가갈 수 있다.

놀이터 같은
공연장을 만들다

베리 영 피플스 콘서트는 매해 특정한 주제를 가지고 공연을 진행한다. 초반에는 '이중성(Duality)'이라는 주제를 가지고 시작했다. 빠르게와 느리게, 높은음자리표와 낮은음자리표 등 대립적인 음악 요소를 보여 주는 방식으로 프로그램이 진행됐다. 이후에는 필하모닉 가족(Philharmonic Families)이라는 주제로 목관악기군, 금관악기군, 타악기군, 현악기군으로 나누어서 악기를 소개했다. 영유아들이 가족들에 대해 생각하는 시기에 맞춘 주제였다. 2015년부터는 이중성, 필하모닉 가족(Philharmonic Families), 필하모닉 놀이터(Philharmonic Playgrounds-music as game, make believe, building blocks)라는 주제로 번갈아가면서 공연을 진행하고 있다.

공연의 진행은 사회자가 주도한다. 사회자는 아이들이 공연을 듣고 보는 것에 대한 이해를 도와주고, 음악을 여러 가지 방법으로 표현할 수 있도록 한다. 프로그램은 크게 세 부분으로 나뉜다. 첫 번째는 입장이다. 공연 전 약 45분 전부터 가능하며 이 시간 동안 그날의 주제와 관련된 활동을 한다.

그다음은 본격적인 공연이다. 처음 30분은 필하모닉과 함께 즐기기(Fun with the Philharmonic)가 진행되며, 아이들이 공연장에 자연스럽게 들어와 음악 게임을 한다.* 몇몇 단원들은 3개의 공간에 나누어 배치된다. 현악사중주가 있는 무브먼트 룸(Movement Room), 목관이나 금관 연주자가 있는 작은 방 등에 나누어 자리 잡고 연주자가 직접 악기에 대해 설명한다. 그런 뒤 무대 위에서 단원들이 악기를 가지고 이야기를 해준다. 악기 체험은 공연 후에 진행한다.

이런 활동 후에 30분간 연주가 진행되며 마지막 10분은 이야기책을 감상한다.** 공연 중에는 무대 스크린에 필리페(Phillppe)라는 이름의 펭귄이 등장한다.*** 마지막 30분은 핸즈 온 펀(Hands-on Fun)으로 공연장에서 악기를 체험해보는 시간이다. 공연 시작 전 30분의 체험시간과 공연에는 뉴욕 필하모닉 단원이 직접 참여한다.

● 주제가 높은음자리표와 낮은음자리표라면, 높고 낮은 음을 노래하는 게임을 한다.
●● 뉴욕 필하모닉 교육팀장인 테드 위푸르드는 이야기책을 읽어주는 스토리텔링이 아이들에게 가장 친숙하게 접근하는 방법이라고 한다.
●●● 펭귄을 이야기 주인공으로 선정한 이유는 펭귄의 몸이 마치 연미복을 입은 것과 비슷하기 때문이다.

인기 공연으로 이끈
세심한 운영 노하우

아이들은 미리 나누어준 CD를 듣고 완전히 이해하고 공연에 오기 때문에 공연에 더욱 몰입할 수 있다. 공연 진행에서는 뉴욕 필하모닉의 비올라 부수석 단원인 레베카 영(Rebecca Young)이 의사 결정에 중요한 권한을 갖는다. 레베카 영은 잘 알려진 동요나 클래식 음악을 앙상블로 편곡해 중요한 개념을 이해하기 쉽도록 했다.

프로그램을 이끌 음악이 선정되면 음악과 어울리는 이야기를 만든다. 초기에는 뉴욕 필하모닉의 비올라 단원인 도리안 렌스(Dorian Rence)가 이야기를 썼으나, 지금은 오케스트라의 관련 기관에서 그 역할을 하고 있다.●

이렇게 만들어진 프로그램은 첫 번째 시즌부터 성공이었고 제작 과정은 많은 것을 시사한다. 이 공연은 이야기를 설명하기 위해 가능한 단어를 조금 쓰고 일러스트레이션으로 그림을 보여준다. 최

● 2015년부터 위원회가 10분짜리 이야기를 만든다. 예를 들어, 2015년 11월 공연에는 음악가 바하 이야기를 했다. 또한 2015년부터 아동문학 전문작가를 고용되어 그림, 이야기, 음악이 조화를 이루도록 하고 있다. 아동을 위한 그림을 그리는 작가도 따로 고용한다.

대한 음악가들에게 중점을 많이 두며, 이야기는 아동 관객들이 음악을 잘 이해할 수 있도록 하는 하나의 촉매제 역할을 한다. 리허설 때는 항상 몇 명의 아동 관객이 이 공연에 참석해 소감을 말하고 이를 통해 문제점을 보완한 뒤 공연하는 식으로 진행된다. 또한 관객 조사로 현재 트랜드를 파악해 지속적으로 공연을 수정, 보완하고 있다.

26
교육시장에서 베리 영 피플스 콘서트는 어떻게 성공했나

뉴욕 필하모닉의 베리 영 피플스 콘서트의 성공 요인들은 다음과 같다.

첫째, 기획적인 측면에서 뉴욕 필하모닉 단원, 뉴욕 필하모닉 교육팀 행정직원, 컬럼비아대학교 교육학과 등 음악, 교육, 행정 등 3가지 영역이 조화되었다. 이는 기획 초기 단계부터 공동 작업이 잘 이루어져 학술적인 전문성과 경영적인 효율성, 그리고 예술성을 고루 추구한 균형 잡힌 프로그램이 탄생된 덕분이다.

둘째, 마케팅적인 측면에서 브랜드의 확장이 성공적이었다. 뉴욕 필하모닉의 브랜드 가치와 레너드 번스타인이 기획했다는 점을 바탕으로 보다 수월하게 자리를 잡을 수 있었다. 즉, 뉴욕 필하모닉의 정기 공연은 주로 중장년층과 노년층을 타겟 관객으로 선정하였다면, 청소년 음악회는 그들의 자녀인 만 6~12세 아동 관객들을 대상으로 하였고, 베리 영 피플스 콘서트는 관객의 범위를 더 확대하여 만 6~12세의 동생 연령이 되는 만 3~6세로 확장하였다. 또한 부모와 조부모가 좋아하는 공연을 자식이나 손주와 함께 공유하고자 하는 열망을 베리 영 피플스 콘서트가 충족시켜주었다. 국내 공연 중에서 브랜드 확장으로 성공한 사례가 있는데, 바로 난타에서 어린이 난타로 타겟층을 확장시킨 것이다.

셋째, 프로그래밍 측면에서 베리 영 피플스 콘서트는 실제 음악을 제공해 효과를 극대화했다. 베리 영 피플스 콘서트 프로그래밍을 담당한 컬럼비아대학교 로리 쿠스토데로 교수는 영유아기 아동들이 음악을 실제로 공연장에서 듣는 것은 그들에게 있어서 마법과 같은 것이라고 했다. 공연 관람 시 부모, 조부모 혹은 또래와 함께 음악을 즐기는 것 또한 크게 작용할 것이다. 영유아기 아이는 음악을 통해서 상상력을 키우며, 음악가라는 직업이 있음을 인지함과 동시에 악기를 연주하는 것이 얼마나 신나는 일인지를 생생히 경험한다. 이와 더불어 아이는 공연을 직접 체험하는 것에 큰 흥미를 느낀다.

넷째, 뉴욕 맨하튼의 환경적인 요소이다. 맨하튼의 어퍼 웨스트사이드(Upper Westside) 및 어퍼 이스트사이드(Upper Eastside)는 도시 특성상 교육열이 높은 젊은 부부가 많이 사는 지역이다. 이에 따라 미취학 아동을 둔 부모들이 베리 영 피플스 콘서트에 많은 관심을 가졌을 것으로 분석된다.

 더 깊이 알기

베리 영 피플스 콘서트의 현장

베리 영 피플스 콘서트가 시작되기 전, 연주자들은 공연장 작은 방에 나누어 배치된다. 이때 아이들은 악기를 가까이 보면서 연주자의 설명을 들을 수 있다.

무대에서 베리 영 피플스 콘서트가 진행되고 있다.

CHAPTER 2. 뉴욕 필하모닉의 베리 영 피플스 콘서트

에필로그

지금까지 영유아 교육의 중요성과 영유아의 예술교육, 예술교육의 효과에 대해서 알아보았다. 예술교육은 한 가지 주제를 여러 가지 방법, 즉 미술, 음악, 율동, 문학, 극놀이 등의 영역에서 동시에 접근하는 것을 말한다. 이 책에서는 이론적 분석을 통해서 예술교육의 효과와 중요성을 알아보았다. 국내외 여러 학자들의 연구 자료에 따르면, 예술교육이 창의력과 다중지능의 개발에 중요한 역할을 하고, 특히 유아기의 교육이 중요하다는 점을 알 수 있었다.

또한 예술교육은 전인격체로의 형성을 돕고, 창의성, 다중지능, 다양성, 자신감, 감정 및 감수성, 신체 발달, 사회성, 문제해결력 등 다양한 방면에서 아이의 능력을 향상시키는 것도 확인했다. 특히 예술교육이 창의성과 다중지능에 대해서 미치는 영향을 자세히 살펴보았다.

✱ ✱ ✱

　예술교육의 실증적 분석을 위해서, 수요자인 부모와 공급자인 교사, 그 외의 전문가에 대해 설문 조사, 심층 면담, 프로그램 현황 조사 등을 실시했다. 그 결과 대부분의 부모들이 예술교육에 대한 인지도는 낮으나 필요성은 인식하고 있는 것으로 나타났다. 따라서 현재 가시적인 수요는 없더라도 적절한 홍보와 교육효과를 통해 많을 것으로 예측되는 잠재수요를 실수요로 발전시킬 수 있는 가능성을 찾아냈다.

　국내 예술교육 프로그램에 대한 현황 조사를 한 결과, 프로그램의 다양성, 품질, 공급량이 부모의 수요에 미치지 못한다는 것을 알 수 있었다. 또한 괜찮은 예술교육 프로그램에는 수요가 넘치는 것으로 보아, 부모들이 예술교육에 대해 정확하게 인식하지는 못하지만 실제로는 예술교육을 제공하고 있는 프로그램을 선호하고 있는 현상도 발견하게 됐다.

* * *

    국내 예술교육 프로그램의 공급과 다양성을 증진시키기 위해 해외에서 성공한 예술교육 프로그램인, 싱가포르의 줄리아 가브리엘 프로그램과 뉴욕 필하모닉의 베리 영 피플스 콘서트에 대해서 알아보았다.

    줄리아 가브리엘의 에듀드라마는 1990년 싱가포르에서 영국인이 설립한, 연극놀이 중심의 예술교육 프로그램이다. 그 성공 요인은 첫째, 교육적인 면에서 연극을 중심으로 음악, 무용, 미술, 동화 등의 요소가 복합된 예술교육 프로그램이라는 점, 둘째, 아이들이 직접 참여하는 과정 중심의 예술교육이라는 점, 셋째, 체계적인 교사 시스템을 통한 교육의 효과를 극대화했다는 점, 넷째, 학습자의 발달 과정을 상세히 고려한 프로그램 설계라는 점, 다섯째, 싱가포르 중심가에 위치한 지리적인 특성이 유리하다는 점 등을 꼽을 수 있다.

    2005년부터 시작된 뉴욕 필하모닉의 베리 영 피플스 콘서트는 6세 미만 어린이를 대상으로 하며, 음악을 중심으로 아동문학 전문작가들이 그림과 이야기를 추가한 예술교육 프로그램이다. 클래식 공연이면서도 이야기책 감상도 하고 게임과 악기 체험 등 다양한 프로그램을 병행해 아이들의 참여도를 유도한다. 세계에서 처음 시도된 비교적 최근에 만들어진 프로그램으로 관객 조사 등을 통해 지속적으로 프로그램이 수정, 보완되고 있다. 이 프로그램은 학계와 음악계가 공동으로 제작해서 프로그램의 질이 높다는 점과, 뉴욕 필하모닉의 브랜드 이미지, 아이들의 참여를 효과적으로 유도했다는 점이 그 성공 요인으로 판단된다.

* * *

지금까지 영유아기 아이들의 창의성과 뇌 발달을 효과적으로 돕는 예술교육의 이론과 실제를 모두 살펴보았다. 비록 국내에는 영유아 예술교육이 도입기에 있어 아쉬운 점들이 있지만, 수많은 유익함이 있는 관련 교육 프로그램들이 머지않아 본격적으로 활용되리라 예상한다. 그때까지 많은 부모와 교육 전문가들이 이 책을 통해 알게 된 예술교육의 특장점을 나름의 방식으로 현명하게 아이들의 교육에 적용해나가기를 기대한다.

참고문헌

〈단행본〉

고경화, 『예술교육의 역사와 이론』, 2003, 학지사, pp22-24.

김문환, 『문화교육론』, 서울대학교출판부, 1993, p.93.

루트 번스타인, 미셸 루트번스타인 저, 박종성 옮김, 『생각의 탄생』, 에코의 서재, 2007.

연극과 인간 편집부, 『학교문화예술교육 지도매뉴얼-연극교육을 중심으로』, 연극과 인간』, 2008, pp.23-24.

유기웅, 정종원, 김영석, 김한별, 『질적연구방법의 이해』, 박영사, 2012.

정성희, 『교육연극의 이해』, 연극과인간, 2006.

존 메디나 저, 최성애 옮김, 『베이비 브래인』, 프론티어, 2011.

하워드 가드너 저, 김명희, 이경희 옮김, 『다중 지능의 이론과 실제』, 양서원, 1993.

하워드 가드너 저, 문용린 옮김, 『다중지능-인간지능의 새로운 이해』, 김영사, 2001.

Eisenr. E. 저, 강현석, 김혜숙, 박승배, 손민호, 이은정, 이자현, 황연주 옮김, 『예술교육론-미술 교과의 재발견』, 아카데미프레스, 2007.

R. J. 번스타인 저, 정순복 역, 『존 듀이 철학 입문』, 서울대학교출판부, 1995, p.36.

Liora Bresler 저, 김상림, 김은심, 안효진, 황윤세, 강진주 옮김, 『유아예술교육』, 정민사, 2013.

Yin, Robert K. 저, 신경식, 서아영 옮김, 『사례연구방법』, 한경사, 2011.

Arnheim, R., Art and Visual Perception : A Psychology of the Creative Eye. University of

California Press, 2004.

Bergen, D., & J. Coscia., Brain Research and Childhood Education. Olney, MD: Association for Childhood International, 2001.

Bredekamp. S. (Ed.)., Developmentally appropriate practice. Washington. D.C: National Association for the Education of Young Children, 1986.

Copple, C. & Bredekamp, Developmentally appropriate practice: in earlychildhood programs serving children from birth through age 8. Washington, DC: NAEYC , 2009.

Cropley, A. J., Creativity in education and learning: A guide for teachers and educators, London: Kogan Page, 2001.

Csikszentimihalyi M., Creativity: Flow and the Psychology of discovery andinvention. Harper Colins. New York, 1996.

Dario,N., Multiple Intelligences & Personality Type, C. A.: Telos Publications, 2001.

Denise Fields and Dr. Ari Brown. Baby 411, Windsor Peak Press, Boulder, CO. 2012.

Denise Fields and Dr. Ari Brown. Toddler 411, Windsor Peak Press, Boulder,CO. 2013.

Deway, J., Art as experience. NY: Minton, Balch, and Co.,1934.

Epstein, R., How to get a great idea. In R. Epstein(Ed.), Creativity, cognition and behavior. New York: Praeger, 1996.

Forgarty, R., The Mindful School: How to I ntegrate the curricula. Palatine, IL/: Skyligt Pub,Inc, 1991.

Gardner, H. Creating minds: An anatomy seen through the lives of Freud,Einstein, Picasso, Stravinsky, Eloit, Graham, and Gandhi: New York: BasicBooks. 1993.

Gardner, H., Intelligence reframed: Multiple intelligences for the 21stcentury, NY: BasicBooks. 2000.

Guilford, J.P. Creativity. American Psychologist, 5, pp.444-454, 1950.

Johnny S., Drama with the Kindergarden, Arizona State University, 1985.

Julia Gabriel, EduDrama-A guide to Speech and Drama using the unique Julia Gabriel Eudcation teaching methodology, Julia Gabriel Education, 2014.

Kohlberg, L., The development of moral judgement and moral action. In L. Kphlberg(Ed.), Child psychology and childhood education: A cognitivedevelopmental view. New York: Longman, 1987.

Lasky, L. & Mukerji-Bergeson. R. Art: Basic for Young Children. Washington, D.C.: NAEYC, 1980.

Liora Bresler and Christine Marme Thompson, The arts in Children's Lives, context, culture, and curriculum.

Lowenfeld, V., Creative and Mental Growth, 7, Macmillan, 1987.

Meyesky. M., Creative activities for young children. NY. Delmer, 1990.

Piaget, J. Play, dreams and imitation in childhood. New York: Basic Books,1962.

Rhodes, M. An analysis of Creativity. Phi Delta Kappan, 42, pp.305-310,1961.

Root-Bernstein, R., & Root-Bernstein,M., Sparks of genius: The thirteenthinking tools of the world's most creative people. N.Y.: Houghton MifflinCompany, 2001.

Schirmacher, R., Art and Creative development for young Children (4thed).N Y:Delmar, pp.22-23. 2002.

Shelow P., Caring for your baby and young child - birth to age 5, Shelow, M.D., M.S., F.A.A.P., Editor-in-Chief etc, Bantam Book, 2009.

Sousa, D.A., How the Brain Learns. Corwin, 2011.

Torrence, E. P., Education and the creative potential. Minneapolis. University of Minnesota Press, 1963.

〈학위논문〉

강정하, 「과학적 창의성과 예술적 창의성-지식의 성장으로서의 창의성에 대한 사례연구 및 과학적 창의성의 타당화」, 성균관대학교 일반대학원 아동학과 박사학위 논문, 2008.

윤수진, 「Arts Propel에 기초한 통합적 유아 예술 프로그램 개발 및 적용효과」, 성균관대학교 박사학위 논문, 2009.

정하나, 「극화놀이를 통한 유아 공감능력 증진 프로그램 개발 및 효과」, 중앙대학교 대학원 유아교육학과 유아교육전공 박사학위 논문, 2015.

한승희, 「국가지원 문화예술교육 프로그램의 방향에 대한 고찰」, 건국대학교 교육 대학원 국내 석사학위논문, 2012.

⟨정기간행물(학회지, Journal)⟩

강은영, 최미숙, 「유아문화예술교육 프로그램 개발 및 효과」, 『미래유아교육학회지』, 21(2), 2014, pp.157-181.

고정민, 「문화예술 및 콘텐츠산업에서의 창의성 유형 및 사례」, 『문화경제연구』, 16(3), 2013, pp.3-23.

권난주, 안재홍, 「과학적 창의성과 예술적 감성을 위한 과학 예술 융합 방안 분석」, 『경인대학교 교육논총』, 32(1), 2012, pp.77-93.

권수미, 「예술중심 융합교육을 위한 프로그램 제언」, 『음악교육 연구』, .41(2), 2012, pp.67-100.

김규수, 「R.Steiner 교육이론에 기초한 유아예술교육활동이 유아의 정서 능력 및 창 의성에 미치는 효과」, 『홀리스틱 교육연구』, 16(1), 2008, pp.63-88.

김선진, 최인수, 「2000-2011년까지 유아 창의성 교육의 연구동향 분석」, 『한국영유아교원교육학회』, 17(2), 2013, pp.47-69.

김소향, 「놀이중심의 통합교육을 통한 유치원과 초등학교 교육 연계방안」, 『발도르프 교육연구』, 3(2), 2011, pp.99-121.

김수림, 황혜정, 「유아의 다중지능과 조망수용능력이 리더십에 미치는 영향」, 『어린이미디어 연구』, 11(3), 2012, pp.295-314.

김연주, 「유아의 일반적 창의성과 음악적 창의성과의 관계」, 『한국보육지원학회 지』, 1(1), 2005, pp.21-35.

김영정, 「예술적 창의성과 과학적 창의성」, 『대한토목학회지』, 53(8), 2005, pp.126-132.

김현수, 조수현, 「미술 중심 통합문화예술교육이 유아의 창의성과 사회성 발달에미치는 영향」, 『열린유아교육연구』, 17(6), 2012, pp.145-173.

나은숙, 「창의적 특성이 높은 유아의 놀이몰입 특성에 관한 연구」, 『한국영유아보 육학회』,

75(2), 2013, pp.1-18.

박소연, 송민정, 「다중지능이론을 적용한 디자인 교육활동이 유아의 지능에 미치는 영향」, 『디지털 디자인학연구』, 13(4), 2012, pp.547-557.

성도의, 김세준, 「문화예술교육 프로그램이 아동・청소년의 자기 효능감에 미치는연구」, 『예술경영연구』, 23, 2012, pp.92-112.

신재한, 「다중지능이론에 기초한 주제 중심 통합 문화예술교육, 교수 학습 과정안 개발 및 적용」, 『한국예술연구』, 2012, 5, pp.87-103.

유구종, 조희정, 「유아교육에서의 다중지능 접근활동과 평가를 통한 통합교육 방안」, 『홀리스틱교육연구』, 11(1), 2007, pp.51-72.

윤정국, 「문화예술교육지원법의 제정과 문화예술교육활성화 방안 연구」, 『공연예술저널』, 11, 2006, p.3.

이대균, 임자영, 「연극놀이가 유아의 언어표현력, 그림 표현력, 신체 표현력에 미치는 영향」, 『열린유아교육연구』, 12(6), 2007, pp.99-122.

이세나, 「유아교육에서 통합교육과정」, 『문화예술교육연구』, 4(1), 2009, pp.65-85.

이수경, 정현영, 「통합적 예술교육프로그램이 유아의 자아개념과 창의적 미술표현에 미치는 영향」, 『한국조형교육학회』, 2010, No.38.

이영석, 박정언, 「비고츠키 Activity 개념의 유아교육학적 의미 탐색」, 『성균관대학교 생활과학연구소』, 8(0), 2005, pp.153-181.

이종길, 「국내외 유아동 예술교육 사례조사」, 『예술연구』, 14, 2008, pp.33-51

정보람, 김휘정, 「문화예술교육이 정서반응형성에 미치는 영향 연구: 공감 능력과 분노조절을 중심으로」, 『문화경제연구』, 15(3), 2012, pp.161-183.

제인현, 「유아를 대상으로 하는 연극놀이의 현장사례 연구 - 삼성 어린이 박물관의 '열린 연극학교' 1-10기 유아반 사례를 중심으로」, 『연극교육연구』, 8, 2003, pp.187-212.

최연철, 「유아교육에서의 '통합'에 대한 논의」, 『교원교육』, 2007, 23C(3) pp.115-124.

최인수, 「유아의 창의적 특성과 교육적 사사」, 『미래유아교육학회』, 8(2), 2001, pp.103-129.

하순련, 서현아, 「부모의 양육신념, 양육태도 및 양육행동이 유아의 다중지능에 미치는 영향」, 『한국보육지원학회지』, 9(5), 2013, pp.131-156.

한국문화교육예술진흥원, Arte 유아교육 도움자료「예술기반 유아교육프로그램」, 『열린유아교육연구』, 17(6), 2012, pp.145-173.

황윤세, 신재한, 김연진, 「유아 예술교육활동이 창의성에 미치는 효과에 대한 메타 분석」, 『열린유아교육연구』, 2015, 20(5), pp.251-271.

황정현, 「학습자 중심을 위한 교육연극의 이해」, 『학습자 중심 교과 교육 연구』, 창간호, 2001, pp.41-54.

Amabile, T.M. Beyond talent: John Irving and passionate craft of creativity. American Psychologist, 56, 333-336, 2001.

Bamford, A., & Wimmer, M. "The role of arts education in enhancing school attractiveness" A literature review. European expert network on culturepaper, 2012.

Bigelow, I.L. "Assessing the relationship between participation in the performing arts in schools and communication apprehension", Dissertation AbstractsInternational Section A: Humanities and Social Sciences M1 - 58: 0714, 1997.

Bilhartz, T.D., Bruhn, R.A., Olson, J.E. "The effect of early music training on child cognitive development", Journal of Applied Developmental Psychology20(4), 1999, pp.615-636.

Broudy, H. A "Realist philosophy of music education" In N. Henry(Ed). Basic Concepts in music education , Chicago: University of Illinois, 1958, pp.62-87.

Catterall J. S. "Enhancing peer conflict resolution skills through drama: an experimental study", Research in Drama Education 12(2), 2007, pp.163-178.

Catterall J.S., and Peppler, K.A. "Learning in the visual arts and the world views of young children", Cambridge Journal of Education, 37(4), 2007, pp.543-560.

Cooper, L.; Benton, T.; and Sharp, C. The Impact of Creative Partnerships onAttainment and Attendance in 2008-9 and 2009-10. Slough: NFER, 2011.

Costa-Giomi, E. "Effects of three years of piano instruction on children's academic achievement, school performance and self-esteem", Psychology of Music 32, 2004, pp.139-152.

Dudek, S. Z., & Verreault, R. "The creative thinking and ego functioning of children",

Creativity Research Journal, 2, 1989, pp.64-86.

Eisner, E. (1982). Cognition and Curriculum. New York:Macmillan

Eisner, E. W.,C. "Does Experinece in the Arts Boost Academic Achievement?", Education Policy Review, Sept./Oct. 1998.

Feist, G.J. (1998). "A meta-analysus of personality in scientific and artistic creativity" Personality and Social Psychology Review,2, pp.290-309.

Fleming, M.; Merrell, C.; Tymms, P. "Impact of drama on pupils' language, mathematics, and attitude in two primary schools", Research in Drama Education, 9(2), 2004, pp.177-197.

Freeman, G.D. "Effects of creative drama activities on third and fourth grade children", Dissertation Abstracts International Section A: Humanities and Social Sciences M1.61: 3470, 2001.

Harland, J., Kinder, K., Lord, P., Stott, A., Schagen, I., Haynes, J., ... Paola, R. ,Arts Education in Secondary Schools: Effects and Effectiveness. National Foundation for Educational Research: The Mere, Upton Park, Slough, Berkshire, UK. 2000.

Hui A., and Lau, S. "Drama education: a touch of the creative mind andcommunicative-expressive ability of elementary school children in Hong Kong", Thinking Skills and Creativity, 1(1), 2006, pp.34-40.

Jenkins, J. E., Hedlund, D.E.,& Ripple,R.E., Parental seperation effects on children's divergent thinking abilities and creative potential. Childstudy Journal, 18, 1998, pp. 149-159.

Kim, J., Wigram, T., and Gold C. "The effects of improvisational music therapy on joint attention behaviors in autistic children: a randomized controlled study", Journal of Autism and Developmental Disorders, 38(9), 2008, pp.1758-1766.

Koopman, "Art as fulfillment: On the justification of education in the arts", Journal of Philosophy of Education, 39(1), 2005, pp.85-91.

Krahe, B., and Knappert, L. "A group-randomized evaluation of a theatre-based sexual abuse prevention programme for primary school children in Germany", Journal of Community and Applied Psychology, 19(4), 2009, pp.321-329.

Lau, S., & Li. W-L.(1996). "Peer status and perceived creativity: Are popular children viewed by peers and teachers as creative?" Creativity Research Journal, 9, pp.347-352.

Liang, C., Chang, C,-C., Chang, Y., & Lin, L.-J. (2012). The exploration of imagination indicators. Turkish Online Journal of Educational Technology, 11, pp.366-374.

Merrell, R. "The impact of a drama intervention program on the response of the bystander to bullying situations", Dissertation Abstracts International Section A: Humanities and Social Sciences M1-65: 2503, 2005.

Perez-Fabello, M.J., & Campos,A. (2007). "Influence of traning in artistic skills on mental imaging capacity". Creativity Research Journal, 19, pp.227-232.

Runco, M.A. "Parents and teachers ratings of the creativity of children". Journal of Social Behavior and Personality, 4, 1989, pp.73-83.

Torrence, E.P. "A longitudinal examination of the fourth-grade slump increativity." Gifted Child Quarterly,12, 1986, pp.195-199.

Urban, K.K. "On the development of Creativity in children. Creativity" Research Journal, 4. 1991, pp.177-191.

Von Rossberg-Gempton, I.E.; Dickinson, J.; and Poole, G. "The potential forenhancing psychomotor and cognitive functioning in frail seniors and youngchildren through creative dance", Journal of Human Movement Studies 37(5), 1999, pp.235-260.

〈신문, 주간지, 월간지〉

서유헌. 서울대학교 의과대학 교수,「치매의 대가 서유헌 교수의 재미있는 腦 이야기」,『신동아』, 2008년 11월.

Eisner, E. W., "Three Rs Are Essential, but don't forget the A-the Arts", LosAngles Times, 2005.1.3., B7.

〈정부 간행물, 정부 기록문서〉

거창문화예술교육지원센터, 「학교문화예술교육 지도매뉴얼 – 연극교육을 중심으로」, 연극과 인간, pp.23-24, 2007.

교육과학기술부, 「유치원 교육과정 해설II – 건강한 생활, 사회생활」, 서울: 교육과학기술부, 2008.

교육과학기술부, 보건복지부, 「3-5세 연령별 누리과정 해설서」, 2013.

김영애, 양재명 외 3인, 「디지털 교과서 시대에 대비한 3R 교육방법 탐색 연구」, 2012년도 교육현장 지원연구, 한국교육개발원, KERIS, 한국교육학술정보원, 2012.

김정희, 김정선 외, 「초.중등학교 통합형 문화예술교육 모형개발 연구」, 인천문화 재단, 2008, pp.46-56.

서울문화재단, 링컨센터(링컨센터교육원) 초청 서울문화재단 국제예술교육 워크숍, 서울문화재단, 2010.

Kendall, L.; Morrison, J.; Yeshanew, T.; Sharp, C., The longer-term impact of creative partnerships on the attainment of young people: results from 2005 and 2006. Final report. Slough: National Foundation for Educational Research, 2008.

Moskowitz, E. (ed) (1997). Priorities for arts education research. Washington, D.C.: National Endowment for the arts. Retrieved from ERIC database. (ED422261).

〈인터뷰〉

김보린, 문화예술교육 더 베프, 2016년 3월 4일.

윤동진, ㈜ 더 브릿지 컴퍼니 대표, 2016년 3월 25일.

이동운, PMC 네트웍스, 어린이 난타 공연부장, 2015년 11월 20일.

최진숙, 예술의 전당 어린이 아카데미, 2015년 7월 5일.

Costodero, Lori, 미국 컬럼비아대학교 음악학과 교수와 개인 이메일 인터뷰, 2015년 12월 3일.
Gabriel, Mark, 줄리아 가브리엘 에듀드라마 Senior Director와의 개인 이메일 인터뷰, 2016년 2월 4일.
Wipurd, Ted, 뉴욕 필하모닉 교육팀장과 개인 인터뷰, 2015년 5월 10일.

〈학술대회 자료집〉

김은심, 두뇌기반 교육과 영유아 신체활동, 한국영유아교원교육학회 춘계학술대회에서 발표, 2011.
Bamford, A. The Importance of Creativity. 유네스코 세계문화예술교육대회 국내행사 창의인성교육 학술대회자료집, pp. 15-34. 서울: 코엑스 3층오디토리움. 2010년 5월 27~28일.

아이 두뇌의 숨은 힘을 깨우는
하버드 예술교육법

초판 1쇄 발행 2018년 4월 12일

지은이 | 박선민

펴낸이 | 이삼영
책임편집 | 눈씨
마케팅 | 푸른나래
디자인 | 참디자인

펴낸곳 | 별글
블로그 | http://blog.naver.com/starrybook
등 록 | 128-94-22091(2014년 1월 9일)
주 소 | 경기도 고양시 덕양구 오금로 7 305동 1404호(신원동)
전 화 | 070-7655-5949   **팩 스** | 070-7614-3657

ⓒ박선민, 2018

이 책은 저작권법에 따라 보호를 받는 저작물이므로 무단 전재와 무단 복제를 금지하며,
이 책 내용의 전부 또는 일부를 이용하려면 반드시 저작권자와 별글 출판사의 서면 동의를
받아야 합니다.

책값은 뒤표지에 있습니다. 잘못된 책은 바꾸어드립니다.

ISBN 979-11-86877-43-2 [14590]
       979-11-86877-42-5 [14590] [세트]

이 도서의 국립중앙도서관 출판예정도서목록(CIP)은 서지정보유통지원시스템 홈페이지(http://seoji.nl.go.kr)와
국가자료 공동목록시스템(http://www.nl.go.kr/kolisnet)에서 이용하실 수 있습니다.
(CIP제어번호: CIP2017015985)

별글은 독자 여러분의 책에 대한 아이디어와 원고 투고를 기다리고 있습니다.
책 출간을 원하시는 분은 이메일 starrybook@naver.com으로 간단한 개요와 취지, 연락처 등을 보내주세요.